ACTE PUBLIC POUR LA LICENCE.

DE LA RÉDUCTION

DES

DONATIONS

ET LEGS.

(Art. 920-930 C. N.).

THÈSE

SOUTENUE PUBLIQUEMENT LE 20 AOUT 1860, A 3 HEURES DU SOIR, DANS
LA GRANDE SALLE DE LA FACULTÉ DE DROIT,

PAR

Jules-Léon LAIR-DUBREUIL,

Né à Argentan (Orne).

CAEN

IMPRIMERIE E. FOISSON,
Rue Froide, 18.

1860

SUFFRAGANTS :

MM. FEUGUEROLLE, *Professeur, Président.*
    BAYEUX,   *Id.*
    LECAVELIER,   *Id.*
    POUBELLE,   *Agrégé.*

A MON PÈRE ET A MA MÈRE.

JUS ROMANUM.

AD LEGEM FALCIDIAM.

(Inst., lib. II, tit. xxii. — D., lib. 35, tit. 2. — Cod., lib. VI, tit. 50. —
Novel., tit. 1.)

Duodecim Tabularum lege libera erat omninoque in-
delimitata legandi potestas : *Uti legassit suæ rei, ita jus
esto.* Illa autem nimia licentia magna numerosaque sur-
gebant pericula quibus remedium afferre oportuit ; sæpissime accidebat enim ut institutus hæres nihil sui au-
ctoris in patrimonio inveniens, præter æris alieni onus,
hæreditatem adire nollet, atque ita testatoris supremæ
voluntates destituebantur.

Vitare tantam mortuorum memoriæ contumeliam primum lex Furia, quæ, exceptis quibusdam personis, plus
quam mille assium legatum, mortisve causa, capere prohibuit, et adversus eum qui plus cœperit quadrupli pœ-

nam statuit; deinde lex Voconia qua interdictum est ne quis plus census alicui leget quam ad hæredem perveniat, tentavit.

Denique lata est lex Falcidia, de qua ibi disserendum est, et quæ multum utilior duobus cæteris legibus fuit. Furia enim Voconiaque leges singulum legatum, non omnia legata, reprimebant, ita ut sæpissime quod afferebant remedium, irritum fieret.

Lex Falcidia sub Augusto, Domitio Calvino et Asinio Pollione consulibus, anno ab urbe condita 714, a Publio Falcidio tribuno plebis lata est. Cavetne plus legare liceat quam dodrantem totorum bonorum, ita ut sive unus hæres institutus sit, sive plures, illis pars quarta remaneret.

Hujus legis beneficio certo lucro donatus hæres hæreditatem adire non negabit.

De hac lege quærendum est :

1° Quæ sit lex Falcidia et ad quas personas, item ad quæ relicta pertineat ;

2° Quomodo Falcidia computetur ;

3° Quomodo quartæ detractionem hæres persequatur ;

4° Quando cesset Falcidia.

I.

QUÆ SIT FALCIDIA ET AD QUAS PERSONAS, ITEM AD QUÆ RELICTA PERTINEAT.

Lex Falcidia leges tam Furia quam Voconia abrogans, statuit ut cuique Romano civi liceret quantamcumque pecuniam dare, legare, dum ita daretur vel legaretur ne minus quam partem quartam hæreditatis eo testamento hæredes caperent.

Quum lata fuit lex Falcidia locum in legatis tantum habebat, non in fideicommissis, utpote nondum firmitatem ullam habentibus; cœperunt autem invalescere fideicommissa sub Augusto, et tunc evenit ut Falcidiæ fraus fieret per fideicommissa, itaque senatusconsulto Pegasiano cautum est ut lex Falcidia in iis quoque locum haberet, et quoniam senatusconsultum Pegasianum locum habebat tantum in fideicommissis testamento relictis, constitutione Divi Pii producta quoque est lex Falcidia ad fideicommissa quæ ab intestato relinquebantur (D., 35, 2, 8).

Sed quia fraus quoque fieri poterat legi Falcidiæ per donationes causa mortis, ad eas quoque constitutione D. Severi lex Falcidia porrecta est, ita ut ex his quoque quartam retinere possit hæres; et ad donationes inter virum et uxorem postquam ex oratione Severi, fideicommissorum instar haberi cœperunt (Cod., 6-50, 5. — D., 24, 1-32, § 1).

Postremo ad alium casum, quo legi Falcidiæ fraus etiam fiebat, hanc legem produxit Justinianus, scilicet quum testator voluerat hæredem non aliter adire hæreditatem posse, quam data certa summa, quæ dodrantem bonorum excederet, quamvis regulariter in mortis causa capione, id est eo genere legati sive relicti, quod, occasione mortis testatoris capitur, et nomine proprio caret, lex Falcidia locum non haberet.

Legis Falcidiæ beneficium omnibus testamentariis hæredibus competit. Etenim, si Titium et Seium testator instituerit, atque tota pars Titii legatis exhausta sit, Seii autem pars intacta remaneat, a Titio servari etiam quartam statutum est, nam singulis hæredibus ratio legis Falcidiæ ponenda est (*Inst.*, lib. II, tit. xxii, § 1. — D., 35, 2, 77). Quod etiam accidit si omnes qui instituti sunt hæredes extiterint ; nam si quidam defecerint in portionibus defectis, non semper separatim ratio legis Falcidiæ locum habebit. Quod si pars quæ accessit integra aut tantum delibata, ejus vero pars qui accessit exhausta vel ultra modum onerata, tum junctis partibus Falcidia ratio ponitur. — In casu contrario, quæque pars quartæ subjicitur (D., 35, 2, 78).

Lex nostra hæredibus tum primis, tum secundis prospicit, sed non fiduciariis in quorum gratiam senatusconsultum Trebellianum latum est, nec legatariis et fideicommissariis singularibus quibus testator aliquid reliquit.

II.

QUOMODO FALCIDIA COMPUTETUR.

Ad Falcidiam computandam cognoscenda est patrimonii quantitas.

Ad hoc quærendum est primum quæ res in patrimonii summa computandæ sint. Computanda sunt non solum omnia bona quæ hæredi, hæreditatis titulo relicta fuerunt, sed etiam omnia quæ mortis tempore testator reliquerat.

In hac summa numerandæ sunt hæreditariæ actiones eatenus quatenus debitor solvere potest, nisi illarum liberatio debitori legata fuisset.

Non autem in patrimonio defuncti computari debent ea quæ mortis tempore ita erant ut hæreditate auferantur; nec etiam illæ res hæreditariæ quæ tempore mortis existebant, sed nullius pretii erant.

Deinde videndum est quomodo æstimantur ea quæ Falcidiæ in ponenda ratione computantur.

Æstimanda sunt bona qualia mortis tempore fuerint secundum rei veritatem et præsens pretium, sed non secundum affectionem singulorum. Incrementum hæreditatis quod postea accessit legatariis non prodest, et decrementum quo postea deminutum est patrimonium iisdem non nocet. — Itaque si qui centum aureorum patrimonium in bonis habebat, centum aureos legaverit, nihil legatariis prodest, si ante aditam hæreditatem per servos hæreditarios, aut ex partu ancillarum hæreditariarum, aut ex fœtu pecorum, tantum accesserit hæreditati, ut centum aureis legatorum nomine erogatis, hæres quartam partem hæreditatis habiturus sit; sed necesse est ut nihilominus quarta pars legatis detrahatur.— Ex diverso, si septuaginta quinque legaverit et ante aditam hæreditatem in tantum decreverint bona incendiis forte aut naufragiis, aut morte servorum, ut non amplius quam septuaginta quinque aureorum substantia vel etiam minus relinquatur, solida legata debentur. Nec ea res damnosa est hæredi, cui liberum est non adire hæreditatem. Quæ res efficit ut necesse sit legatariis, ne, destituto testamento, nihil consequantur, cum hærede in portionem pacisci (*Inst.*, lib. II, tit. xxii, § 2.)

Cæterum senatusconsulto Pegasiano primum, deinde Trebelliano, Justiniani jussu perfecto, provisum est ut, si scriptus hæres hæreditatem noluisset adire, jussu prætoris adire et restituere cogeretur (D., 36, 1, 14, § 5-17, § 3).

Formata bonorum summa quæ in hæreditate consistere debent, eorum constituto pretio, deducenda sunt successionis onera.

1° Quum bona non intelligantur nisi deducto ære alieno, deducendum est æs alienum.

2° Impensa funeris deducenda sunt, sed duntaxat quæ hæres impendit ut hæres (L. 1, § 19, Paul., lib. sing. *ad leg. Jul. et Sap.* — L. 2, Marcell., lib. 22 D.)

3° Deducenda sunt pretia servorum manumissorum , non tantum eorum qui testatoris proprii fuerunt, verum-etiam alienorum quos hæres redimere et manumittere ro-gatus erat.

4° Deducuntur etiam ea quæ deo relicta sunt (Paul., *Sent.*, lib. 4 , tit. 3 , § 3 , *de senatusconsulto Pega-siano.*)

5° Similiter deduci debent omnia impensa hæreditatis suscipiendæ causa facta.

III.

QUOMODO QUARTÆ DETRACTIONEM HÆRES PERSEQUATUR.

Tunc hæredes qui minus quarta habent, singulis le-gatariis , pro rata detrahere possunt quantum quartæ deest.

Sed duplex casus hic occurrit : aut hæres possidet, aut non possidet.

1° Hæres qui possidet gaudet jure retentionis. Atque illam exercere debet retentionem in singulis legatis. Quæ-dam vero non dividi possunt, ut iter, actus, aut etiam theatrum ædificandi obligatio. Tunc regulariter æstima-tione facta, e legatario æstimationis partem petere poterit, adversusque negantem legatarium doli mali exceptione utile utetur (D., 35, 2, 80, 7).

2° Hæres non possidet, vel errore facti solvit, eidem

competunt rei vindicatio, actio in factum, et interdictum quod legatorum, quibus quartam Falcidiam obtinebit (L. 26 pr., D. L. pen., c. h. t. — L. 76, § 2, D., *de leg.* 2. — L. 1 D.).

IV.

QUANDO CESSET FALCIDIA.

Falcidia locum non habet in testamento militari (D., 35, 2, 17). Hinc si civis togatus testamentum, pro acie vero codicillos fecerit, testamentum solum Falcidiæ detractioni submittetur, nam factum fuit tempore quo testator jure militari testari non potuit, dum codicilli illius juris beneficium invocare possunt.

Hoc beneficium cessat, quum hæres, sponte sua, seu verbis, seu facto, illud recusaverit, lapso mortis tempore, cuique licet enim suo proprio juri renuntiare.

Dixi : *lapso mortis tempore,* nam si hæres, vivente testatore, ei fidem dederit se integra legata soluturum, legi Falcidiæ quæ ad omnium utilitatem spectat, privata conventione derogavisset. Ita, jure Digestorum, si quis quartæ relinquendæ conditionem imposuit hæredi quem instituit, illa non valet conditio (D., 35, 2, 27. — Cod., l. 6, 2, 50, l. 11).

Jus autem Digestorum propter quod ad Falcidiæ emolumentum attinet, Novellarum jure omnino modificatum fuit ; nam imperator Justinianus morientium voluntatibus antiquum honorem reddendi causa, permisit ut testator hæredi suo instituto quartæ detractionem prohiberet. Et generaliter noluit hæredem Falcidiam retinere, nisi inventarium fecisset (Nov. I, cap. ii).

Neque detrahitur ex rebus immobilibus Falcidia, quas testator alienari prohibuit et quas voluit permanere apud successores ejus cui relictæ sunt (N. CXIX, cap. ii).

QUÆRITUR :

I.

Quid, si errore hæres quartæ renuntiaverit ?

Distinguo : Errorem facti, non errorem juris invocare poterit.

II.

Cessatne Falcidia in legato ad pias causas ?

Puto.

III.

Debetne in funerum impensis computari monumentum ?

Distinguo : Computari debet, si modicum, non autem si sumptuosum fuerit.

Visa :

FEUGUEROLLE.

Typis mandetur :

Academiæ Rector,

THÉRY.

DROIT FRANÇAIS.

DE LA RÉDUCTION DES DONATIONS ET DES LEGS.

(Art. 920-930 Code Napoléon.)

La propriété est le droit de jouir et de disposer des choses de la manière la plus absolue, par conséquent d'aliéner ce que l'on possède aussi bien à titre gratuit qu'à titre onéreux.

Le droit de donner se recommande même à tous les titres à la protection du législateur. Au point de vue social la libéralité et la bienfaisance sont et ont toujours été honorées comme des vertus. En nous faisant communiquer aux autres les biens que nous possédons, elles rendent plus étroits les liens d'affection et de sociabilité : « Elles « fortifient la concorde entre les citoyens, dit M. Trop- « long, et ajoutent à l'harmonie de la justice l'accord qui « provient de l'amour et de l'humanité. »

Au point de vue privé, ce droit n'est pas moins précieux. C'est lui qui nous donne les moyens de reconnaître un service rendu, d'acquitter une dette d'honneur ou de reconnaissance; de nous attirer et de nous conserver l'affection et le dévouement des personnes que nous voulons nous attacher.

Cependant, quelque sacré et quelque légitime que soit ce droit, il se trouve en présence d'un autre droit non moins sacré, non moins recommandable, celui des héritiers du sang. Ce droit, comme le précédent, se recommandait au double point de vue de l'intérêt social et de l'intérêt particulier. En effet, le malheur qu'eussent éprouvé des enfants élevés dans l'aisance qui se seraient trouvés tout à coup, à la mort de leur auteur, réduits au plus complet dénûment, eût rejailli non-seulement sur la famille entière, en y créant des éléments de discorde et de haine, mais encore sur toute la société, qui y eût trouvé mille causes de troubles et de désordres. La loi devait donc aussi veiller à ce que ce droit fût également respecté; elle devait faire en sorte que les enfants, et même les pères et mères, et dans certains cas les autres ascendants, par un motif d'équité et de convenance, recueillissent toujours une certaine partie des biens de leur auteur ou de leur descendant, malgré les nombreuses causes qui devraient souvent porter ceux qui disposent gratuitement à outre-passer les bornes raisonnables de leur droit.

C'est ce motif qui, chez les Romains, avait donné lieu à la *querela inofficiosi testamenti*, abolie plus tard, du moins dans presque tous les cas, et remplacée sous Justinien par la *condictio supplementi*. Sous l'ancien droit français, ces principes étaient appliqués dans les pays de droit écrit et dans les pays de droit coutumier; l'action en supplément de légitime ou en retranchement de libéralités excessives, était partout accordée aux héritiers à légitime, tant pour les donations entre-vifs que pour les donations testamentaires.

Les mêmes motifs ont dicté au Code Napoléon l'institution de la *réserve* (portions des biens du *de cujus* qui ne peut pas être enlevée à ceux de ses héritiers que la loi a pris sous sa protection, tandis qu'on appelle *quotité disponible* la portion de biens dont peut disposer le *de cujus*), et celle de l'action en réduction par laquelle les réservataires pourront faire restreindre les libéralités qui empiéteraient sur leur réserve, et qu'auraient dictées ces affections irréfléchies que Cicéron appelle si bien *impetum benevolentiæ*, et qui ne gardent pas la mesure de la justice qui est due aux enfants.

C'est de cette action que nous nous occuperons dans cette thèse, en nous efforçant d'en exposer le plus clairement possible les principes, et en parcourant seulement les principales questions qui se sont élevées sur cette difficile matière.

Et d'abord, pour plus de clarté, nous la diviserons en six parties qui feront l'objet de six chapitres différents, et nous examinerons ainsi :

1° A quelle époque la réduction peut être demandée ;

2° Par qui peut être faite cette demande ;

3° Dans quel cas et d'après quelle base elle peut être exercée ;

4° Comment s'opère la réduction ;

5° Quels sont ses effets ;

6° Enfin, quelles sont les fins de non-recevoir qu'on peut opposer à cette action.

CHAPITRE PREMIER.

A QUELLE ÉPOQUE L'ACTION EN RÉDUCTION PEUT-ELLE ÊTRE INTENTÉE ?

« La réduction, dit M. Mourlon, est le droit qu'ont les
« héritiers réservataires de conserver pour eux les biens
« que le défunt a légués au delà de la quotité disponi-
« ble, ou de reprendre aux donataires ce qu'ils ont reçu
« au delà de la même quotité. »

L'action en réduction est la sanction de la réserve établie par les articles 913 et 915 du Code Napoléon au
profit de certains héritiers privilégiés. Or, la réserve
étant une partie de la succession *ab intestat*, ne peut
évidemment s'ouvrir que quand la succession *ab intestat*
s'ouvre elle-même. C'est à cette époque seulement que
l'on pourra savoir s'il existe des héritiers réservataires,
et quel en sera le nombre. Aussi, l'article 920 nous dit-il :

« Les dispositions soit entre-vifs, soit à cause de mort,

« qui excéderont la quotité disponible seront réductibles
« à cette quotité lors de l'ouverture de la succession. »

Une expression contenue dans cet article : *dispositions
à cause de mort,* vient dès l'abord appeler l'attention,
mais il n'est pas douteux que le législateur a entendu
parler ici des libéralités dont l'effet est différé jusqu'à la
mort de celui qui les a faites, comme les legs et les insti-
tutions contractuelles, car ce que les Romains appelaient
donations à cause de mort n'existe plus sous l'empire de
notre législation.

Mais cet article donne lieu à une difficulté beaucoup
plus sérieuse et au sujet de laquelle de nombreuses controverses se sont élevées. On s'est demandé si l'héritier
présomptif et réservataire ne pouvait pas, du moins quelquefois, prendre des mesures conservatoires du vivant
même de son auteur, pour empêcher que sa réserve ne
lui soit enlevée.

Cette question peut se présenter dans des circonstances
telles qu'on pourrait désirer voir triompher l'affirmative. Par exemple, un homme riche a intenté contre son
seul enfant une action en désaveu de paternité. Les dé-
bats ont prouvé que cet homme avait été aveuglé par un
sentiment de jalousie que rien ne pouvait justifier, aussi
sa demande a-t-elle été rejetée. Cependant il n'en persiste
pas moins à dire qu'il n'est pas le père de cet enfant auquel
les tribunaux ont accordé le droit de porter son nom, et
il annonce hautement qu'il s'y prendra du moins de
façon à ne lui rien laisser dans sa succession. En effet,

il augmente d'une manière exorbitante le train de sa maison, il dissipe sa fortune en se livrant à un luxe effréné,
en faisant des cadeaux de toute espèce à des compagnons
de débauche, à des maîtresses qui les dépenseront aussi-
tôt sans en être plus riches, de sorte que leur insolvabilité les mettra à l'abri de toute réclamation de la part
du réservataire. Bref, il marche rapidement vers sa ruine
et déjà il en est à vendre ses biens à fonds perdu ; quelques années encore et l'enfant ne trouvera rien dans la
succession paternelle. Afin de prévenir une ruine com-
plète et d'éviter de se voir ainsi dépouiller chaque jour
de la réserve établie par la loi à son profit, et sur laquelle
il a dû compter, il demande ou l'on demande en son
nom à prendre inscription sur les biens du père jusqu'à
concurrence d'une somme de... Si vous ne nous accordez
pas ce droit, nous disent les demandeurs, la réserve que
vous avez voulu établir n'aura aucun effet ; puisque vous
avez conféré un droit à l'enfant, donnez-lui donc aussi
les moyens de l'exercer. Du reste, le créancier, même
conditionnel, ne peut-il pas, aux termes de l'article 1180,
prendre des mesures conservatoires pour assurer le paiement de sa créance, et la réserve n'est-elle pas pour le réservataire une sorte de créance conditionnelle qu'il aura
le droit de réclamer lors de l'ouverture de la succession
de son auteur? En troisième lieu, l'article 918, supposant
que dans certains cas les successibles peuvent être admis
à s'immiscer dans les affaires de leur auteur, ne prouve-
t-il pas que notre demande n'a rien de contraire aux

principes de la loi ? — Pour nous, nous croyons qu'il serait très-dangereux de se lancer dans une semblable doctrine. D'abord l'article 920 dit formellement que le droit de faire réduire les dispositions excédant la quotité disponible n'existera que lors de l'*ouverture* de la succession. On veut nous présenter le réservataire comme un créancier, mais c'est là une erreur profonde. Avant l'ouverture de la succession, l'héritier présomptif n'est rien, il n'a aucun droit acquis.

Qu'une loi survienne la veille de la mort du *de cujus* et anéantisse la réserve, dira-t-on donc qu'elle ne lui est pas applicable ? Jusqu'à la mort de son auteur, l'héritier réservataire n'a que des espérances que des événements de toute sorte peuvent anéantir. — Les textes du Code ne le prouvent-ils pas d'une manière éclatante quand ils prohibent tous pactes sur les successions futures, sauf quelques circonstances exceptionnelles (telles que celle prévue par l'article 918), mais dans lesquelles l'hypothèse qui nous occupe ne pourrait trouver place à aucun titre que ce soit ? — Enfin, s'il peut quelquefois, comme dans notre espèce, arriver qu'en adoptant notre opinion on regrette de ne pouvoir remédier à certains inconvénients, n'arriverait-on pas à des résultats bien plus regrettables encore, en suivant la doctrine contraire ? S'il est des pères qui par leur folle conduite compromettent l'avenir de leurs enfants, ne se rencontrerait-il pas bien plus souvent encore des enfants tracassiers et avares qui, sans motif et sans aucun respect pour ceux qui ont consacré leur vie entière à leur assurer une existence heureuse et tranquille, viendraient s'adresser aux tribunaux pour implorer, sur de futiles prétextes, les moyens de sauver leur réserve et de réprimer les prétendues prodigalités de leurs parents ?

Ce serait assurément là une atteinte bien grave portée à la puissance paternelle, à la bonne organisation de la famille, que le législateur a dû maintenir avant tout, comme l'unique base et le seul fondement solide de toute société.

Nous croyons donc bien fermement que c'est seulement au jour de l'ouverture de la succession que l'on peut agir, de quelque manière que ce soit, relativement à la réserve.

CHAPITRE II.

PAR QUI PEUT ÊTRE INTENTÉE L'ACTION EN RÉDUCTION.

Art. 921. — « La réduction des dispositions entre-« vifs ne pourra être demandée que par ceux au profit « desquels la loi fait la réserve, par leurs héritiers ou « ayants cause ; les donataires, les légataires, ni les créan-« ciers du défunt ne pourront demander cette réduction, « ni en profiter. »

La réduction est établie pour les héritiers réservataires, et pour eux seuls ; eux seuls sont donc appelés à en profiter. Les donataires, légataires ou créanciers du

défunt n'en pourront en rien bénéficier ; cela est évident ;
à quel titre en effet prétendraient-ils qu'il en fût autrement ? Les donations sont irrévocables, on ne peut donc
annuler une donation déjà faite pour donner le même
bien à une autre personne. Les créanciers (purement chi-
rographaires, bien entendu) n'ont jamais pu compter
sur le bien qui a été donné entre-vifs pour garantir leur
créance, si la donation a été accomplie avant le fait qui
a donné naissance à leur droit ; si, au contraire, leur
créance est antérieure à la donation, pourquoi ne pre -
naient-ils pas d'inscription hypothécaire sur l'immeuble
dont il s'agit ; en ne le faisant pas, ils s'en sont rapportés
à la foi de leur débiteur ; ils ne peuvent avoir plus de
droits que lui ; or, comme il ne pourrait demander lui-
même la réduction des donations qu'il aurait faites, ses
créanciers ne le pourront pas davantage, quand même
cette donation l'aurait rendu insolvable, mais pourvu,
bien entendu, qu'elle n'ait pas été faite en fraude de leurs
droits ; pourquoi donc profiteraient-ils plutôt de la réduction qu'en aurait obtenu le réservataire ?

Cependant, si, en face de la disposition si formelle de
l'article 921, personne n'a osé soutenir que les créanciers pussent profiter de la réduction demandée par le
réservataire, on a du moins essayé de critiquer cet
article en disant : 1° La réserve est une partie de la succession, c'est même pour cela qu'on ne peut ni la demander, ni prendre à son sujet de mesures conservatoires du vivant du *de cujus ;* il est donc inconséquent

et injuste de refuser aux créanciers le droit de se payer sur les biens qu'elle fait rentrer dans la succession ; — 2° l'héritier est le continuateur de la personne défunte, son représentant, il est donc investi des mêmes droits et obligations qu'elle.—Ce sont deux erreurs : 1° Les biens provenant de la réduction ne rentrent dans la succession, dans le patrimoine héréditaire, que relativement aux réservataires : pour eux seuls, ils forment une partie de cette succession ; pour tous les autres, ils demeurent en dehors de ce patrimoine. C'est par une exception qu'ils y rentrent pour les réservataires, mais la loi s'est bien gardée, et avec raison, de les y faire rentrer pour de simples créanciers auxquels elle ne devait aucune protection, et qui n'avaient jamais pu compter sur ces biens, tandis que les héritiers avaient dû légitimement s'attendre à les recueillir. — 2° Si c'est une règle que l'héritier est le représentant de la personne défunte, et si en lui se continuent les droits et obligations de celle-ci ; cette règle a ses exceptions et ses restrictions. Il est des droits et des obligations que la loi crée et fait commencer dans la personne de l'héritier ; tels sont le droit de faire rapporter le bien donné à son cohéritier, et l'obligation d'exécuter les legs ; car il est bien évident que ni ce droit ni cette obligation n'ont pu exister pour le défunt. Le droit de réduction accordé par la loi aux réservataires est un droit du même ordre ; il naît dans la personne de l'*héritier*, qui l'exerce à ce titre, et non à celui de représentant du défunt.

Cela est si vrai, qu'il peut quelquefois être heureux pour des héritiers que leur auteur ait fait des donations ; c'est ce que nous voyons dans cette hypothèse assez curieuse : Primus possédait 600,000 fr. de fortune et avait un fils unique ; sa quotité disponible était donc de 300,000 fr. Il donna en dot à une nièce, Prima, 100,000 fr. ; cette somme était loin d'attaquer la réserve de son fils. Ensuite, s'étant lancé dans des spéculations commerciales, il est décédé quelques années plus tard laissant un million de dettes. S'il n'avait pas fait de donation à Prima, toute sa fortune eût passé à payer ses créanciers, qui n'eussent pas encore été intégralement désintéressés. Son fils n'aurait rien eu. Au contraire, celui-ci laisse absorber aux créanciers de son père tous les biens de la succession ; puis, ceci fait, il dit à Prima : Composons la masse ; cette composition est très-simple, elle comprend uniquement la donation de 100,000 fr. que mon père vous a faite. Ma réserve, continue-il, est de moitié, c'est-à-dire 50,000 fr. Gardez donc 50,000 fr. et donnez-m'en autant. — Sa demande est parfaitement fondée, et il se trouve alors recueillir 50,000 fr. là où il n'eût rien eu si son père n'avait pas fait de donation.

Notre article ne parle que de la réduction des donations entre-vifs, et c'est avec raison : les créanciers du défunt ont en effet parfaitement le droit de faire réduire ou même annuler complétement les legs tant qu'ils ne sont pas intégralement payés. Les biens légués sont dans la succession, ils sont le gage des créanciers, et ce n'est qu'une fois que ceux-ci seront désintéressés que les légataires pourront venir réclamer ce qui leur revient. Si les créanciers ont tout absorbé, leurs legs seront caducs ; s'ils n'ont absorbé qu'une partie des biens à eux destinés, on leur délivrera le surplus.

D'un autre côté, quant à l'héritier réservataire dont la réserve est entamée, ce n'est pas à proprement parler une réduction qu'il fait subir aux legs, mais bien plutôt il les rend caducs en ne les exécutant pas, en tant qu'ils excèdent la quotité disponible.

Que la loi refuse aux donataires et aux légataires le droit d'exercer l'action en réduction ou d'en profiter, cela est incontestable ; mais ce principe a donné lieu dans son application à de graves erreurs provenues de ce qu'on avait confondu avec le fait de profiter de la réduction le droit de repousser une action en réduction injustement formée. — Exemple : Un homme a un enfant d'un premier lit, il se remarie et donne par contrat de mariage à sa seconde femme 50,000 fr., puis il meurt laissant 50,000 fr. dans sa succession, et un testament par lequel il lègue 25,000 fr. à un neveu. La masse est donc de 100,000 fr. Or, en faveur d'un étranger cet homme pouvait disposer de la moitié de sa fortune ; mais en faveur de sa nouvelle épouse il ne pouvait disposer que du quart de ces mêmes biens (art. 1098). — Le neveu se présente pour réclamer la délivrance de son legs ; l'enfant s'y refuse, en prétendant que la quotité disponible a été épuisée par la donation faite à sa belle-mère, et que pour avoir sa réserve, il doit commencer par réduire les legs (art. 923). — Le neveu lui dit alors : Ce n'est pas contre moi que vous devez exercer votre réduction, mais bien contre votre belle-mère, car votre père avait dépassé à son égard sa quotité disponible ; exercez-la donc contre elle, et délivrez-moi mon legs. — Est-il fondé ?

Trois systèmes ont été émis sur cette question :

Le premier dit que le fils peut tenir ce langage au neveu de son père : La réduction ne peut être demandée que par ceux qui ont droit à la réserve ; elle ne peut l'être par les légataires, *elle ne peut même leur profiter ;* vous ne pouvez donc pas me contraindre à l'exercer, puisque vous n'y avez pas d'intérêt ; dès lors la quotité disponible est épuisée, et votre legs est caduc. — Si l'on admettait ce système, qu'en résulterait-il ? C'est que le fils, après avoir ainsi repoussé le légataire, irait ensuite exercer son action en réduction contre sa belle-mère, et obtiendrait ainsi plus que sa réserve : il aurait les trois quarts de la succession paternelle. Ce système est inadmissible, il est contraire à l'équité, contraire aux principes ; dans notre hypothèse, la quotité disponible est de moitié ; or, si la réserve est un droit sacré pour l'enfant, la quotité disponible était aussi un droit sacré pour le père, et ce droit dont, il a évidemment voulu user, un tel système le rend illusoire.

Un second système dit que l'enfant aura droit, pour obtenir les 50,000 fr. qui composent sa réserve, de choisir la personne sur laquelle il voudra faire tomber la réduction. Il s'adressera, s'il le veut, au légataire, et dès lors le legs deviendra caduc, ou bien, s'il le préfère, il s'adressera à sa belle-mère, et fera rentrer dans la succession les 25,000 fr. qu'elle a reçus de trop ; mais alors il devra les employer à acquitter le legs fait à l'étranger, et ne pourrait jamais garder pour lui-même au delà de sa réserve. —Ce système empêche l'abus intolérable que nous indiquions comme résultat du système précédent ; mais il a un inconvénient non moins redoutable, c'est celui de prêter à des concerts frauduleux entre l'héritier et sa belle-mère, à des transactions clandestines entre eux, qui tendraient à rendre caduc le legs fait par le père à son neveu, legs qu'ils se partageraient ensuite à leur gré. Et du reste, il ne nous paraît reposer sur aucune base, et ne se fonder sur aucun argument sérieux. Comme le précédent il a repoussé la prétention du neveu , en lui disant que comme légataire il ne pouvait profiter de la réduction, tandis que celui-ci ne cherchait pas à profiter de la réduction exercée contre la belle-mère, mais uniquement à repousser celle intentée injustement contre lui.

Le troisième système nous semble être arrivé à un bien meilleur résultat, en distinguant ce que les deux autres avaient confondu; voilà ce qu'il dit : C'est à la belle-mère, et à elle seule que l'enfant pourra s'adresser s'il veut obnir sa réserve. Il a tort, en effet, quand il dit au légataire qu'il ne trouve dans la succession que 50,000 fr., juste ce qu'il faut pour payer sa réserve; il y trouve 5 ,000 fr. plus un droit de créance contre sa belle-mère,

droit qui aura pour effet d'y faire rentrer les **25,000 fr.**
qu'elle a reçus de trop, et le légataire peut invoquer le principe : *Qui actionem habet ad rem recuperandam, rem ipsam habere videtur.* — L'enfant raisonne mal quand il dit au légataire : Vous voulez profiter de l'action en réduction ; celui-ci ne fait qu'une seule chose, il repousse une action en réduction injustement intentée contre lui (et c'est ce que les deux premiers systèmes n'ont pas bien compris). Après cela, que l'héritier attaque sa belle-mère ou que par déférence il ne l'attaque pas, c'est ce dont le légataire n'a nullement à s'occuper.

Le second système paraîtrait peut-être plus conforme à l'esprit de la loi qui refuse aux légataires le droit même de profiter de la réduction ; mais en présence de l'immense danger qu'il fait naître, et que nous avons indiqué plus haut, nous croyons que le dernier devra l'emporter.

Il est inutile de faire observer que, dans l'application de l'article 921, il ne faudrait pas confondre l'action en réduction ayant pour but de fournir ou de compléter la réserve, avec le droit de faire réduire les dispositions excessives pour cause d'incapacité du disposant, comme dans le cas de celles faites par un mineur ; quant à ce dernier droit, tout héritier, quel qu'il soit, l'État lui-même, pourrait l'exercer.

Une autre question fort grave s'élève encore ici : L'héritier, pour intenter l'action en réduction, doit-il nécessairement avoir accepté sous bénéfice d'inventaire ? — On a voulu le soutenir ; on a prétendu que l'héritier qui a accepté purement et simplement a, par le fait même de cette acceptation, d'une part transporté sur sa tête toutes les obligations du défunt ; or, le défunt devait respecter les donations qu'il avait consenties, donc son héritier le doit pareillement ; qu'il a, d'un autre côté, confondu ses biens avec ceux de la succession, que, dès lors, il ne pouvait plus prouver ce que contenait la succession, et qu'ainsi il n'était pas recevable à demander la réduction. — En thèse générale, nous ne croyons pas qu'il faille admettre cette doctrine ; ce serait prononcer la déchéance d'un droit fort important sans que la loi l'ait prononcée elle-même ; et d'ailleurs les arguments que nous présente cette opinion ne nous paraissent pas décisifs. — D'abord, il est vrai en principe que l'héritier pur et simple est le continuateur de la personne du défunt, et succède aux obligations prises par celui-ci, mais il ne faut pas être trop absolu ; il ne faut pas oublier surtout, et nous avons déjà eu l'occasion de le dire en développant le principe que les créanciers du défunt n'ont aucun droit à profiter de la réduction, qu'il est des obligations et des droits qui naissent pour l'héritier et qui n'avaient jamais existé pour le défunt, tels que l'obligation d'acquitter les legs, celle de forcer les cohéritiers au rapport, et il est évident que e droit de faire opérer la réduction est de ce nombre.

L'argument tiré de la confusion existant entre les biens du défunt et ceux de l'héritier serait plus spécieux ; mais en fait, il est bien certain que le réservataire ne

pourra exercer la réduction qu'en prouvant que ce qu'il
a trouvé dans la succession n'était pas égal à la réserve ;
or il ne le pourra que s'il s'y est pris de façon à éviter
la confusion, et je crois que dans ce cas il serait tout à
fait arbitraire de lui refuser le droit d'exercer la réduction par le seul motif qu'il n'aurait pas accepté sous bénéfice d'inventaire.

Ce système admis, il pourra se présenter une circonstance où les créanciers du défunt pourront profiter indirectement de la réduction. Exemple : Primus décède
laissant un fils Secundus; il ne se trouve dans sa succession que 20,000 fr. d'actif et 30,000 fr. de dettes, mais
il avait fait une donation entre-vifs à un tiers de 40,000 fr.
Secundus le fils a accepté la succession purement et
simplement, il est donc tenu envers les créanciers de son
père *ultra vires*, mais il n'a à lui pour toute fortune
que 5,000 fr., qui, réunis aux 20,000 trouvés dans la
succession, n'auraient pas suffi à désintéresser les créanciers de son père. La réduction opérée, il se trouvera au
contraire que sa fortune suffira, et au delà, pour acquitter les dettes de son père, qui, par le fait de son acceptation pure et simple, étaient devenues les siennes.

CHAPITRE III.

DANS QUELS CAS ET D'APRÈS QUELLES BASES PEUT ÊTRE EXERCÉE LA RÉDUCTION.

Il y a lieu d'exercer la réduction lorsque la réserve est entamée. Or, pour arriver à déterminer la réserve et par contre la quotité disponible, il y a plusieurs opérations à faire ; il faut :

1° Composer la masse des biens de la succession ;

2° Évaluer ces biens ;

3° Déduire les dettes, afin de connaître quel est l'actif de la succession.

Ce sont ces trois opérations qui feront l'objet de ce chapitre important et que nous traiterons successivement, en consacrant à chacune une paragraphe.

§ Ier.

Composition de la masse.

L'article 922 nous indique comment elle s'effectue. Cet article est ainsi conçu : Art. 922. — « La réduction « se détermine en formant une masse de tous les biens « existants au décès du donateur ou testateur. On y « réunit fictivement ceux dont il a été disposé par dona-

« tions entre-vifs, d'après leur état à l'époque des do-
« nations et leur valeur au temps du décès du donateur.
« On calcule sur tous ces biens, après en avoir déduit les
« dettes, quelle est, eu égard à la qualité des héritiers
« qu'il laisse, la quotité dont il peut disposer. »

Nous y voyons que la masse se compose de deux éléments :

1° Des biens laissés par le défunt ;

2° De ceux dont il dispose entre-vifs.

Ces deux éléments réunis soit réellement, soit fictivement, forment ce que l'on appelle la masse brute.

Cette première opération est généralement assez simple ; cependant, une difficulté très-grave, et qui a été
l'objet de nombreuses controverses, peut s'élever. Elle
provient d'un conflit entre notre article 922 et l'article 747; il est de nature à se présenter dans deux hypothèses que nous allons examiner successivement en les
formulant par des exemples.

Première hypothèse. — Primus aïeul a donné à son
petit-fils Secundus un immeuble valant 25,000 fr. ; peu
de temps après, et Primus donateur existant encore,
Secundus meurt, laissant pour héritier son père, réservataire pour un quart, et sa succession ne se compose que
de l'immeuble qu'il a reçu de son grand-père. Le conflit existe donc ici entre l'aïeul qui, aux termes de l'article 747, veut reprendre l'immeuble par lui donné, et qu'il
retrouve en nature dans la succession du donataire, et le

père qui, réservataire pour un quart, veut que l'aïeul lui abandonne le quart de l'immeuble *de quo agitur*. Nous croyons qu'ici la difficulté est bien nettement tranchée par le texte même de l'article 747 : « Les ascendants succèdent, dit-il, *à l'exclusion de tous autres*, aux choses par eux données, » etc.—Le père devra prendre son parti; l'immeuble donné forme une succession spéciale pour laquelle il n'est pas héritier; à son égard son fils ne laisse rien dans sa succession.

Mais la seconde hypothèse est plus difficile à résoudre, et a donné lieu à des controverses infiniment plus sérieuses.

Deuxième hypothèse. — Primus aïeul a donné à Secundus son petit-fils une maison valant 25,000 fr. — Ce petit-fils a en outre des biens personnels valant 75,000 fr. Sur ces derniers biens, il donne 60,000 fr. à un étranger, puis il meurt laissant son père réservataire pour un quart et son aïeul, qui a le droit d'exercer le retour légal.

Si nous composons la masse en suivant à la lettre l'article 922, nous aurons 1° 40,000 fr. de biens laissés par le défunt (y compris la maison donnée par l'ascendant), 2° 60,000 fr. donnés entre-vifs, en tout, 100,000 fr.

L'aïeul, invoquant l'article 747, reprend la maison qu'il avait donnée.— Mais il ne reste plus que 15,000 fr., et la réserve du père est du quart de la succession, c'est-à-dire 25,000 fr. Pour la compléter, il va trouver le donataire, mais celui-ci lui répond : Votre fils n'ayant que vous pour héritier réservataire, pouvait disposer des trois quarts de ses biens, c'est-à-dire 75,000 fr. Je n'en ai reçu que 60,000, je n'ai donc rien à vous rendre. — Chacun de nos trois personnages paraît fondé dans ses prétentions, et pourtant elles sont incompatibles. Comment sortir de cet embarras ?

Une opinion assez accréditée dit qu'avant tout, le père doit avoir sa réserve ; mais elle ajoute qu'elle est touchée du raisonnement de l'étranger, et qu'elle ne trouve rien à lui répondre, de sorte que la perte devra être supportée par l'aïeul. Voici comment argumentent ses partisans : si l'ascendant a le droit de reprendre l'immeuble qu'il a donné, c'est à condition que l'enfant n'en aura pas disposé, ni directement, ni indirectement ; or, dans notre hypothèse, l'immeuble est encore là, il est vrai, mais l'enfant a disposé de 60,000 fr. au profit d'un étranger ; il savait bien que son père avait droit à la réserve, et que ce droit ne pouvait lui être enlevé. Sa conduite prouve donc bien qu'il a entendu disposer indirectement d'une partie des biens soumis au retour légal, et comme cela lui était permis, l'ascendant ne pourra exercer son droit que sur ce qui reste.

Cette argumentation est assez sérieuse ; cependant elle nous paraît plus spécieuse que solide. C'est, à notre avis, user de subtilité que de dire que l'enfant a disposé indirectement de l'immeuble sujet au retour légal ; nous croyons que cette théorie pèche par sa base, et que, du reste, la difficulté naît d'une erreur dans la composition de la masse qui n'a pas été formée comme elle aurait dû

l'être. Pour nous, nous pensons qu'il faut mettre en
dehors l'immeuble donné par l'aïeul, et ne faire entrer
dans la composition de la masse que 1° les 15,000 fr.
trouvés dans la succession et étrangers à cet immeuble;
2° les 60,000 fr. donnés entre-vifs par le *de cujus*, ce qui
nous donne une masse totale de 75,000 fr., formant la succession ordinaire, à côté et en dehors de laquelle nous aurons la succession anormale et tout à fait distincte faisant
retour à l'aïeul. — Rappelons en effet les termes de l'article 747 : « Les ascendants succèdent, à l'*exclusion de
tous autres*, aux choses par eux données à leurs enfants
ou descendants décédés sans postérité, lorsque les objets
donnés se retrouvent en nature dans la succession. » —
Remarquons d'abord (l'esprit et le texte même de l'article 747 le disent assez) que c'est à l'immeuble donné,
à cet immeuble même, en nature, que l'ascendant doit
succéder, et non pas à telle ou telle partie du prix de l'immeuble, résultat auquel pourrait arriver l'opinion contraire; et puis, l'article nous dit qu'il succède à l'*exclusion de tous autres*; il ne fait pas d'exception pour les
réservataires eux-mêmes; ces expressions sont assez pré-
cises, assez formelles, pour indiquer clairement que le
retour légal est plus sacré que toute autre espèce de droit,
du moment où l'on se trouve dans les conditions exigées
pour l'exercer. Dès lors, les biens qui lui sont soumis
forment une succession parfaitement distincte de la succession ordinaire; la jurisprudence ne laisse aucun doute
à cet égard quand elle décide que l'ascendant peut re-

noncer à la succession ordinaire et accepter néanmoins celle qui lui est déférée par l'article 747. — Or, il est de principe qu'on ne peut être héritier pour partie (*nemo pro parte hæres*), c'est donc évidemment que la succession de l'article 747 n'est pas une partie de la succession ordinaire.

Du reste, ceux qui admettent le principe que nous avons posé dans notre première hypothèse (principe admis par une très-grande majorité), que lorsque l'enfant n'a pas d'autres biens que ceux donnés par son aïeul et meurt sans en avoir disposé, le père n'a rien à réclamer pour sa réserve, ces biens faisant retour en totalité à l'aïeul donateur; ceux, disons-nous, qui admettent ce principe, n'ont rien à nous opposer dans le système que nous soutenons actuellement. Comment, en effet, quand on admet que ces biens étant seuls, il n'y a pas lieu d'en tenir compte pour calculer la réserve et la quotité disponible, soutiendrait-on que quand il y a d'autres biens, on les compterait dans la masse? Ce serait une monstrueuse inconséquence. — Quelques-uns cependant nous ont dit : Quand'nous vous concédons que les biens donnés par l'ascendant, et formant à eux seuls toute la succession, font retour en totalité au donateur, c'est parce qu'on ne peut pas dire, comme dans l'espèce qui nous occupe, que l'enfant donataire en a disposé indirectement.—D'abord nous ne croyons pas qu'il faille tenir compte en pareille circonstance de la question d'intention; le législateur s'est prononcé assez formellement pour que les tribunaux n'aient pas besoin de rechercher quelle a été l'intention du *de cujus* ; leur fonction se bornera à appliquer la loi telle qu'elle est faite. En plus, nous répondrions à nos adversaires qu'en présence de leur supposition toute gratuite, il nous paraîtrait aussi rationnel de supposer, au contraire, que l'enfant a conservé de préférence l'immeuble donné par son aïeul, pour que celui-ci pût exercer son droit de retour légal. C'était un bien de famille, il voulait qu'il n'en sortît pas, et prenait pour objet de la libéralité qu'il faisait à un étranger d'autres biens, précisément pour que, dans le cas où il viendrait à mourir avant son aïeul, celui-ci reprît le bien qu'il avait donné. Ce serait tout aussi probable, plus probable même, si l'on tenait à supposer qu'en disposant de ses autres biens, l'enfant avait mûrement réfléchi à *toutes* les conséquences qu'entraînerait sa disposition.

Nous pensons donc qu'il ne faut faire entrer dans la masse que les biens composant la succession (tant biens laissés par le défunt que biens donnés entre-vifs), mais non ceux qui sont soumis au retour légal.

Cette doctrine est confirmée par un jugement de la Cour de cassation (Sirey, 1858, 1, 545).

Il est certaines libéralités que le défunt a pu faire, et qu'il ne faut pas faire entrer dans la masse et soumettre à la réduction ; ce sont ces libéralités que l'on prend sur les revenus et non sur le capital, ces libéralités dont parle l'article 852. — Il est évident que cet article trouve aussi bien son application en matière de réduction qu'en matière de rapport. Un oncle, par exemple, prend chez lui un neveu, fils d'un frère chargé de famille et dans une position de fortune peu aisée. Il l'élève avec ses enfants et lui fait partager leurs études ; il lui fait même fréquemment de ces petits cadeaux qu'on fait aux enfants pour les engager au travail ; cette libéralité n'a pas appauvri l'oncle, bien qu'elle ait pu être la source de la fortune du neveu, qui aura su tirer parti de l'éducation qu'il doit à l'affection de son bienfaiteur, car elle a été prise sur les revenus, et les revenus sont faits pour être dépensés. Aussi n'est-ce pas là une véritable donation, et il n'y aura pas lieu de la faire entrer dans la composition de la masse.

On a demandé s'il fallait faire entrer dans la masse la donation rémunératoire, par exemple celle que ferait un maître à un vieux domestique, en reconnaissance de son dévouement et de ses bons offices.— A notre avis, c'est ici purement une question de fait. Il faudra examiner si en raison de son importance, relativement à la fortune du maître, en raison du motif qui la lui a dictée, la rémunération est une donation ou une simple libéralité du genre de celles que nous citions tout à l'heure. Si c'est une véritable donation, il faudra la comprendre dans la masse, il faudra même la réduire si elle excède la quotité disponible.

On devra examiner, disons-nous, le motif qui a dicté la rémunération ; c'est, à notre avis, d'une grande imporlance, et ceci nous amène même à faire observer que le paiement d'une dette naturelle ne doit pas être regardé comme une libéralité; ainsi, l'on ne devra pas voir une donation dans le paiement d'une créance légitimement due, mais que le créancier n'avait aucun moyen civil de réclamer, parce que, par exemple, le débiteur avait obtenu en sa faveur une décision passée en force de chose jugée. Les frais de nourriture et d'éducation qu'un père fait pour ses enfants, alors même que ces frais seront assez onéreux pour lui, ne devront pas être regardés comme une donation, mais seulement comme l'acquit d'une dette naturelle.

Mais ici se présente une question assez difficile : comment faut-il traiter l'acquittement des obligations d'honneur, de conscience ? Cette espèce de paiement tient le milieu entre une libéralité et l'acquit d'une dette naturelle ; quelles règles faut-il lui appliquer ? — Par exemple, revenons à notre hypothèse de tout à l'heure. Si la donation rémunératoire avait été faite par un maître au profit d'un domestique dans le but d'indemniser celui-ci des infirmités qu'il aurait contractées à son service, dans le but de lui procurer des aliments que ses infirmités l'auraient mis hors d'état de se procurer lui-même par son travail, nous croyons qu'il faut dire dans ce cas que la donation rémunératoire, excédàt-elle même la quotité disponible du maître, parce que celui-ci ne serait pas très-riche, ne devrait pas être considérée comme une donation, mais uniquement comme l'acquittement d'une dette, dette à laquelle nous n'oserions pas, à la vérité, donner le nom de *dette naturelle* dans le sens juridique du mot, mais dette de conscience, dette naturelle au point de vue de l'honneur, et par cela même aussi sacrée pour l'honnête homme qu'une dette civile. — Et en conséquence, nous avons la conviction qu'il n'y aurait lieu ni de la faire entrer dans la composition de la masse, ni de la réduire.

Voici une autre hypothèse plus délicate encore : un homme a eu des relations illicites avec une jeune fille ; il a pour jamais compromis, perdu son avenir ; poussé par un juste sentiment d'honneur et de conscience, il s'engage à servir à cette jeune fille une pension viagère de 500 francs. — Il meurt ensuite ; ses héritiers forment la masse de ses biens, en y comprenant cette rente viagère et veulent la faire réduire comme excédant la quotité disponible ; y sont-ils fondés ? — Nous ne le croyons pas ! Nous ne pensons pas que l'on puisse dire que ces biens sont sortis à titre gratuit des mains de leur auteur. Ce n'est pas une donation qu'il a faite, c'est encore une dette d'honneur, de conscience, qu'il a acquittée. — On a essayé de dire que cette obligation était nulle comme ayant une cause illicite. — La simple réflexion fait justice de cet argument. Oui, certes, cette obligation aurait une cause illicite et serait nulle, si elle avait eu pour but d'obtenir ou de continuer ces relations coupables ; mais quand elle a pour but, au contraire, de réparer autant que possible le préjudice qu'elles ont occasionné, alors, certes, la cause n'est pas illicite, et le motif qui dicte une semblable donation est très-louable et très-respectable.

L'on doit, aux termes de l'article 922, réunir aux biens existant dans la succession ceux que le défunt a donnés entre-vifs, mais ceux-là seulement, et jamais ceux aliénés à titre onéreux. Il y a cependant une exception à cette règle, c'est celle que pose l'article 918 ; bien que cet article ne fasse pas partie de notre section, il s'y relie si étroitement et a donné lieu à des difficultés d'application si sérieuse, que nous ne saurions le passer sous silence.

Art. 918. « La valeur en pleine propriété des biens
« aliénés, soit à charge de rente viagère, soit à fonds
« perdu, ou avec réserve d'usufruit à l'un des successi-
« bles en ligne directe, sera imputée sur la portion dis-
« ponible, et l'excédant, s'il y en a, sera rapporté à la
« masse. Cette imputation et ce rapport ne pourront être
« demandés par ceux des autres successibles en ligne
« directe qui auraient consenti à ces aliénations, ni,
« dans aucun cas, par les successibles en ligne collaté-
« rale. »

Voici l'espèce que suppose cet article : le défunt a aliéné un de ses biens au profit d'un de ses successibles par un mode aléatoire d'aliénation ; il a aliéné à fonds perdu. Ce n'est pas une aliénation à titre gratuit ; le prix de l'immeuble vendu consiste dans la rente viagère, et même, dans ce genre de contrat, si le sort n'est pas favo-

rable à l'acquéreur, si le vendeur vit beaucoup plus
longtemps que ne le prévoyait l'acheteur, il pourra arriver que le contrat soit très-onéreux et que le bien vendu
soit payé bien au-dessus de sa valeur. Cependant ce contrat offrant un danger que les autres contrats à titre onéreux ne présentent pas, le législateur a voulu l'assimiler
aux contrats à titre gratuit et l'a soumis à la réduction.
Les rédacteurs du Code, du reste, ne l'eussent probablement pas fait s'ils n'eussent trouvé un précédent dans
la législation de notre pays, précédent dont l'existence
s'explique très-bien par l'esprit qui présidait à l'époque
où il fut établi: c'était la loi du 17 nivôse an II. —
Cette loi égalitaire, au moment où elle avait à lutter
contre des idées profondément enracinées, idées qu'il
fallait nécessairement vaincre pour arriver à créer à la
société les bases sur lesquelles elle repose aujourd'hui,
devait être défiante ; aussi elle le fut, peut-être même
alla-t-elle trop loin. — Par son article 26, elle avait dé-
fendu expressément ces aliénations, craignant qu'elles
ne pussent fournir un moyen d'éluder ses défenses. —
Notre Code, plus modéré, s'est séparé sur deux points de
la loi du 17 nivôse; il a su de cette manière prévenir le
danger que prévoyait cette loi, en rendant aux transactions la liberté qu'il est toujours fâcheux de leur enlever.
D'abord, au lieu de défendre complétement ces aliénations, il les maintient, en les dénaturant, il est vrai, mais
il les maintient. — En second lieu, dans la loi du 17 nivôse an II, la défense s'étendait à tous les héritiers ; l'ar-

ticle 918, au contraire, ne s'applique qu'aux successibles en ligne directe ; que la ligne, du reste, soit ascendante ou descendante, peu importe. Cette dernière modification s'explique facilement par la pensée qu'a eue certainement le législateur, que la fraude et le déguisement des donations seraient bien plus à craindre et bien plus fréquents au profit des héritiers directs que des héritiers collatéraux. La première se conçoit moins. En soi-même, en effet, l'acte peut être onéreux, il se présente avec ce caractère bien formel. Le législateur cependant décide que ce n'est qu'une donation déguisée, mais il la dispense du rapport. A quoi donc bon cette réserve, ce scrupule? C'est que le législateur n'est pas bien sûr de son fait. Il est vrai que l'acte a un caractère douteux ; que ce caractère, joint encore au lien qui unit le successible au *de cujus*, peut donner sur la nature du contrat des soupçons très-sérieux ; cependant le législateur se dit : Cette aliénation peut bien être véritablement un acte à titre onéreux ; alors, que vais-je faire? je vais assimiler à un donataire et traiter comme tel un acquéreur à titre onéreux? Eh bien, ce sera une donation, mais non sujette à rapport. Deux motifs, en effet, m'inspirent des doutes sur cet acte ; c'est, d'une part, la chance aléatoire que l'on y rencontre, et, de l'autre, les relations qui existent entre les parties.

Avec ces doutes, ces hésitations, on doit s'étonner de ne pas voir le Code reproduire une des dispositions de l'article 26, qui voulait qu'on tînt compte aux prétendus donataires des arrérages qu'ils avaient réellement payés.

Le deuxième alinéa de cet article, en effet, est ainsi conçu:
« *Toutes celles* (les dispositions à charge de rente viagère)
« *faites sans ce concours depuis et compris le* 14 *juil-*
« *let* 1789 *aux personnes de la qualité ci-dessus désignée*
« *sont annulées,* SAUF A L'ACQUÉREUR A SE FAIRE RAPPOR-
« TER PAR SON DONATEUR OU VENDEUR, OU SES HÉRITIERS,
« TOUT CE QU'IL JUSTIFIERA AVOIR PAYÉ AU DELA DU JUSTE
« REVENU DE LA CHOSE ALIÉNÉE, *le tout sans préjudice*
« *des coutumes et usages,* » etc.

Cette disposition, d'ailleurs très-équitable, devrait, ce
nous semble, être un heureux correctif de la rigueur de
l'article 918. Quoi qu'il en soit, les auteurs du Code Napoléon ne l'ont pas reproduite, et nous croyons que c'est
en vain qu'on essaierait de la retrouver dans notre législa-
lation.

L'article 918 se termine encore par une restriction :
« *Cette imputation et ce rapport ne pourront être de-*
« *mandés par ceux des successibles en ligne directe*
« *qui auraient consenti à ces aliénations,* » etc.

Mais de quels successibles veut-on ici parler ? Quels
sont ceux dont le consentement est nécessaire pour que
l'acte d'aliénation cesse d'avoir un caractère douteux, et
soit ainsi regardé comme un véritable contrat à titre
onéreux ? Ce sont assurément ceux qui ont la qualité de
successibles lors de la confection de l'acte. Mais, dit-on,
ils peuvent disparaître, ils peuvent être remplacés par
d'autres. C'est vrai ; mais quel est le but de la loi ? c'est
de s'assurer qu'il n'y a pas eu de convention frauduleuse

entre le *de cujus* et l'*acquéreur* moyennant rente viagère, et le concours à l'acte de ceux qui étaient héritiers présomptifs lors de sa confection en est le plus sûr garant qu'elle puisse obtenir. Tel a été, nous en sommes convaincu, la pensée du législateur, et c'est du reste de ceux-là seuls qu'il est possible d'obtenir le concours à ce moment. Cependant la jurisprudence a décidé en sens contraire (Sirey, 1844, 2, 30), mais nous croyons que c'est à tort. — Il peut même arriver que deux opérations différentes soient nécessaires ; en effet, si quelques-uns des successibles ont consenti à concourir à l'acte et que les autres aient refusé, les premiers ne pourront demander qu'on impute le bien vendu à fonds perdu sur la quotité disponible, tandis que les seconds le pourront.

Hors ce cas d'aliénation que le législateur a voulu traiter comme une libéralité, il n'y a que les biens donnés qui doivent être réunis aux biens trouvés dans la succession pour former la masse, mais tous les biens donnés doivent avoir ce sort, de quelque manière et à quelque personne que la donation ait été faite. Ce principe, toutefois, a donné lieu à de très-graves controverses sur lesquelles nous devrons nous arrêter un moment.

1° Tous les biens donnés doivent entrer dans la composition de la masse, de quelque manière que la donation ait été faite. — Peu importe que les biens aient été donnés directement ou indirectement, ouvertement ou d'une manière déguisée. Personne n'éprouve sur cette matière les doutes si nombreux que l'on éprouve lorsqu'il s'agit de rapport. Quelque déguisement qu'on ait employé pour faire la donation, il faut absolument que les biens soient fictivement ramenés à la masse pour que l'on puisse calculer et déterminer la quotité disponible.

Il va donc de soi que les donations par contrat de mariage faites soit par un étranger aux époux, soit par l'un des époux à l'autre, suivent le droit commun ; mais il faut bien se garder de prendre pour une donation et de traiter comme telle l'effet des conventions matrimoniales formant le régime sous lequel sont mariés les époux. Ainsi, par exemple, deux époux ont choisi le régime de la communauté légale : le mari a une fortune mobilière valant 100,000 fr., la femme, au contraire, ne possède que des immeubles ; elle n'a donc rien mis dans la communauté, tandis que son mari y a mis ses 100,000 fr. Peu de temps, peu de jours même après la célébration du mariage, l'époux meurt et la femme vient réclamer la moitié de la communauté, c'est-à dire 50,000 fr. considérera-t-on cela comme une donation? Non. C'est là une conséquence nécessaire du régime qu'ont adopté les époux ; elle a été avantageuse à la femme, dans d'autres circonstances elle eût pu l'être pour le mari. — Pourtant il y a un cas où il faudrait voir dans cet avantage une donation, c'est lorsque l'époux dont le décès fait naître, en fait, un véritable avantage au profit du survivant avait des enfants d'un premier lit (art. 1496-1527). Le motif de cette exception très-rigoureuse est facile à saisir ; c'est que la loi craint que l'époux, veuf avec des enfants, ne soit obligé d'acheter les douceurs d'un second hymen par le sacrifice à son nouveau conjoint des intérêts des enfants déjà nés. La loi craint les déguisements, les subterfuges auxquels on pourrait avoir recours pour arriver à dépasser la quotité disponible. A l'importance du danger elle a proportionné l'énergie du remède ; elle traité comme libéralité ce que, dans tout autre cas, elle ne traiterait que comme convention matrimoniale ; elle accorde aux enfants du premier lit le droit de la faire réduire ; mais ce droit, elle ne l'accorde qu'à eux seuls, et en cela elle est conséquente, car c'est eux seuls qu'elle a eu pour but de protéger.

2° Tous les biens donnés doivent entrer dans la composition de la masse, et la donation peut être réduite, à quelque personne qu'elle ait été faite. — Ici se présente une très-importante question : Les biens donnés à un héritier présomptif doivent-ils être rapportés à la masse pour calculer la quotité disponible du *de cujus* à l'égard d'un étranger ?

Prenons une espèce. Un homme a deux fils : à l'un d'eux il donne entre-vifs 10,000 fr. sans dispense de rapport, et il meurt laissant 20,000 fr. de biens existant entre ses mains, et un testament par lequel il lègue sa quotité disponible à un tiers. — Le légataire revient et dit : En ajoutant aux 10,000 fr. déjà donnés les 20,000 fr. restants, nous avons un total de 30,000 fr., la quotité disponible est donc de 10,000 fr. — Non, répondent les enfants, la quotité disponible est le tiers de 20,000 fr.

et non pas le tiers de 30,000 fr.—En effet, l'article 857
est formel : Le rapport, dit cet article, n'est dû que par
le cohéritier à son cohéritier; or, ce que vous demandez
là, c'est bien un rapport, fictif tant que vous le voudrez,
mais c'est un rapport, que nous ne pouvons vous devoir
aux termes de l'article 857. Vous ne pouvez pas davantage vous fonder sur l'article 922, car cet article ne peut
être invoqué que par les héritiers, mais jamais par un
légataire contre les héritiers. Est-ce que le légataire peut
intenter une action en réduction contre les héritiers ? Non
assurément ; or c'est à cette seule hypothèse que s'applique l'article 922, car il parle de réduction, et c'est pour
ce cas seul qu'il détermine la formation de la masse. Ce
système a été longtemps celui de la Cour de cassation,
mais il part d'une fausse interprétation de l'article 827
et viole ouvertement l'article 922. Oui, dirons-nous,
le légataire a raison d'invoquer l'article 922 et de
s'appuyer sur cet article , car il est absolu. Il y a
plus , si on le repousse , si l'on prétend qu'il n'est
applicable qu'au cas où les héritiers dirigent contre le
légataire une action en réduction, on arrivera à ceci, que
dans notre espèce il n'y aura aucun article, aucune indi-
cation dans le Code, qui règle la manière dont la masse
devra être composée, et l'on sera par conséquent fort em-
barrassé pour fixer la quotité disponible. L'application de
l'article 922, dont le but est précisément de régler l'opération à faire pour déterminer la quotité disponible, est
donc indispensable. Le système soutenu par l'opinion

adverse n'est ni rationnel ni moral. Il conduit en effet à ceci, que le père qui aura donné entre-vifs à ses enfants ne pourra plus disposer de toute sa quotité disponible. Ce système commet encore une erreur lorsqu'il se fonde sur l'article 857. — Il faut, en effet, bien distinguer le rapport de la réduction dont parle l'article 922. — Le légataire ne demande aucun rapport, tout ce qu'il exige, c'est que la donation faite entre en ligne de compte pour la réserve ainsi que pour la quotité disponible, comme le veut l'article 922. — Nous nous hâtons toutefois de faire à cette doctrine un amendement qui nous paraît nécessaire. Il peut y avoir une différence entre l'hypothèse où l'héritier réservataire intente contre le légataire une action en réduction et l'hypothèse où soit le donataire, soit le légataire attaque les héritiers sur le calcul de la quotité disponible. Dans le premier cas, il n'y a qu'un point de droit; dans le second, il peut y avoir un point de fait, une question d'interprétation de volonté. Ainsi, le testateur a pu ne pas vouloir qu'on tienne compte de la donation par lui faite à l'un de ses enfants pour déterminer la part du légataire; si, par exemple, dans notre espèce, il avait dit : Je lègue à Primus le tiers des biens que je laisserai à mon décès; dans ce cas, les héritiers nous paraîtraient fondés à prétendre que le tiers donné à Primus n'est pas le tiers de 30,000 fr., masse légale, mais bien le tiers de 20,000 fr., montant des biens laissés par le *de cujus* lors de son décès.

Mais ici ne s'arrête pas entièrement la difficulté, il est

encore un point très-délicat à déterminer. Sur quelle partie de la succession faut-il imputer les 10,000 fr. que l'un des héritiers a reçus? Est-ce sur la quotité disponible? est-ce sur la réserve? ce qui amènera des résultats bien différents. —Pour bien approfondir cette question, il faut distinguer soigneusement deux hypothèses : l'héritier accepte, ou bien il renonce.

1° L'héritier donataire accepte la succession. — Les deux frères prétendent que la donation doit être imputée sur la quotité disponible. Vous avez voulu, disent-ils au légataire, que les 10,000 fr. donnés fussent rapportés, vous en porterez la peine. En effet, dans vos arguments, vous avez prétendu qu'il importait peu de savoir à qui la donation avait été faite; c'est aussi notre avis; or si ces 10,000 francs avaient été donnés à un non-successible, ils auraient épuisé la quotité disponible, et comme nous ne nous occupons pas de savoir à qui les biens ont été donnés, la quotité disponible est par cela même épuisée. D'ailleurs, si vous vouliez imputer ces 10,000 fr. sur la réserve de l'un de nous, ce serait de cette fois vouloir évidemment le forcer au rapport, et ce serait intolérable. — Ce système paraît abandonné aujourd'hui, et c'est avec raison. De tout temps, en effet, il a été constant que l'héritier légitimaire était tenu d'imputer sur sa réserve tout ce qu'il avait reçu *jure hœreditario*, tout ce qu'il avait touché de l'hérédité en vertu de son titre d'héritier. La réserve n'est pas en dehors de sa part héréditaire, elle n'en est qu'une portion que la loi a voulu absolument, par une protection toute spéciale, qu'on lui conservât ; mais du moment où il l'a, elle cesse de le protéger ; tout ce qu'il touche dans l'hérédité doit donc s'imputer sur cette réserve. Autre chose, d'ailleurs, est le rapport, autre chose est l'imputation. — Vous avez droit à une réserve, dit le légataire, prenez-la en comptant tout ce que vous avez reçu de votre auteur, mais abandonnez-moi le reste, et il a raison.

2° L'héritier donataire renonce à la succession. — Ici le terrain change. — Le légataire prétend encore que les 10,000 fr. donnés s'imputeront sur la réserve ; en a-t-il le droit ? L'enfant renonçant prétend, au contraire, que cela ne peut s'imputer sur la réserve, parce qu'aux termes de l'article 785, le renonçant est étranger à la succession et conserve, par conséquent, la donation comme un étranger ; d'où il résulte que cette donation ne peut être prise que sur la quotité disponible. Cette solution est généralement rejetée par les auteurs et par la jurisprudence, qui décident que dans tous les cas la donation faite à l'un des héritiers réservataires doit s'imputer sur la réserve, et non sur la quotité disponible. Cette opinion s'appuie sur un argument assurément très-fort, mais qui devrait peut-être avoir plus d'influence sur l'esprit d'un législateur que sur celui d'un jurisconsulte chargé d'exécuter les lois telles qu'elles sont faites. La donation faite sans dispense de rapport n'est, dit-on, qu'un avancement d'hoirie pur et simple. Le législateur a entendu que ce don fît partie de la réserve de ses enfants. Il

n'entend certes pas se priver de la quotité disponible ;
c'est pourtant ce qui arrivera si le renonçant doit imputer
sur la quotité disponible ce qu'il a reçu ; par son fait
alors, il dénaturera le caractère de la donation que le père
a faite. Un pareil résultat est évidemment inadmissible ; il
ne se peut pas que la quotité disponible soit pour ainsi dire
entre les mains et sous la dépendance du donataire, qu'elle
s'accroisse ou qu'elle diminue selon son bon plaisir. Le
résultat en serait même fatal pour les enfants, car le père
de famille ne voudra plus donner à ses enfants de son vivant, pour ne pas se priver de sa quotité disponible. Ce
premier inconvénient, bien que très-grave, n'est pas le
seul : il en existe un autre, c'est que les enfants pourront
ainsi trouver moyen de frauder tout à la fois et leur père
et le légataire. Le donataire renoncera toujours, du moment où sa renonciation devra avoir pour résultat d'enlever au légataire une partie de la quotité disponible, ensuite les héritiers acceptants et lui se partageront entre
eux le bénéfice résultant de ce concert frauduleux.

Cette argumentation a beaucoup contribué au succès de
la doctrine actuellement en vigueur et que nous atta-
quons ; mais comme on ne pouvait pas le présenter seul,
on a invoqué l'article 919 : on a dit qu'aux termes de
cet article , pour que la donation fût imputable sur la
quotité disponible, il fallait que cette disposition fût faite
avec clause de préciput. Mais l'article 845 est toujours là ;
il est vrai qu'on a prétendu que cet article indiquait jusqu'à quelle limite l'héritier renonçant pouvait retenir

les biens qu'il avait reçus, mais non sur quelle partie de la succession on devait imputer ces biens ; tel n'est pas évidemment le sens de l'article 845 ; cet article, du reste, tire encore une nouvelle force de sa position et de sa combinaison avec l'article 844, et il est facile, par la simple lecture de ces deux textes, de se convaincre que l'article 845 ordonne d'imputer sur la quotité disponible le don ou le legs fait au successible renonçant. D'ailleurs, cet article traite de la même manière le don entre-vifs et le legs fait à l'héritier. — Or, le legs est imputé sur la quotité disponible, cela est évident, pourquoi donc prétendre que la donation doit s'imputer sur la réserve ? — Notre opinion est cependant définitivement vaincue, on lui a surtout reproché l'inconvénient capital que nous avons signalé plus haut ; cet inconvénient existe, il est vrai ; cependant il y a un remède que l'on y peut facilement apporter : le père peut mettre pour condition à la libéralité par lui faite, que son fils ne pourra la conserver qu'en acceptant sa succession, et que la donation sera résolue par sa renonciation. Cette condition fait disparaître tout inconvénient Dumoulin, sous notre ancienne législation, proposait déjà ce remède ; il allait plus loin, puisqu'il prétendait que les mots *avancement d'hoirie* inscrits dans l'acte de donation impliquaient cette volonté de la part du père. Beaucoup d'autres auteurs, sans aller tout à fait aussi loin, adoptèrent cependant une grande partie de son opinion.

Enfin, nous ajouterons un dernier mot en faveur de

notre opinion: si l'enfant donataire, au lieu de renoncer, est mort, imputera-t-on encore la donation sur sa réserve? Cette question s'est présentée et il a bien fallu se décider à imputer dans ce cas la donation sur la quotité disponible. Cet argument seul ne serait pas décisif, car autre chose est le prédécès ou la renonciation ; l'un est un fait involontaire, l'autre est un fait volontaire, de sorte qu'on n'est pas obligé d'attribuer à l'un et à l'autre les mêmes résultats ; mais pourtant, dans un cas comme dans l'autre, le père avait prétendu faire un avancement d'hoirie, et l'on est bien forcé d'avouer ici qu'il est impossible de se conformer à sa volonté. Si donc l'on en est réduit à regretter un oubli du législateur, pourquoi ne pas convenir qu'il l'a commis aussi bien pour une espèce que pour l'autre ?

§ II.

Évaluation des biens.

La masse une fois composée, l'opération qui se présente tout naturellement comme son complément indispensable, c'est l'évaluation des biens. Il faut d'abord évaluer les biens laissés par le défunt. La loi ne nous indique pas le mode d'évaluation ; en effet, c'était inutile, les biens sont là, dans la succession, ils n'en sont jamais sortis ; on les fait entrer dans la masse tels qu'ils sont et pour ce qu'ils valent. L'estimation se fait par experts.

Les créances sont comptées, non pour leur valeur nominale, mais pour leur valeur réelle ; ainsi on comprendra dans la masse les bonnes créances pour leur chiffre total ; les mauvaises créances, les créances désespérées ne seront comptées pour rien, sauf à opérer plus tard un nouveau règlement entre les donataires ou légataires et les héritiers, si les débiteurs redeviennent solvables. Quant aux créances douteuses, le mieux est que les héritiers et les donataires ou légataires s'entendent sur la valeur qu'on doit leur donner ; s'ils ne s'entendent pas, il faudra les liciter ou bien les mettre en dehors de la masse, et partager ensuite ce qu'il en reviendra.

Quant aux biens donnés entre-vifs, ils doivent être réunis aux biens existants *d'après leur état au moment de la donation, et leur valeur au jour du décès.* — Le principe sur lequel repose ce mode d'évaluation est celui-ci : la loi suppose que les biens ne sont pas sortis de la succession, et de là plusieurs conséquences : toutes les améliorations ou détériorations fortuites sont au compte de la succession, parce qu'elles seraient également arrivées si le bien n'en fût pas sorti ; il faut, au contraire, tenir compte au donataire des améliorations qu'il a faites et le rendre responsable des détériorations qu'il a causées. Ainsi une maison qui valait 30,000 fr. lors de la donation et qui en vaudrait 40,000 lors du décès (à cause, par exemple, du percement de nouvelles rues), si elle était restée dans le même état, en vaut 60,000 par suite des augmentations que le donataire y a fait faire ; il est clair qu'on doit s'arrêter à la valeur de 40,000 fr., comme le demandent les termes de notre article, et ne pas compter dans la masse les 20,000 fr. de plus-value provenant des déboursés du donataire. — Mais s'il s'agit d'un terrain qui valait 50,000 fr. et qui vaut aujourd'hui 70,000 fr. par suite de l'accroissement considérable que l'alluvion lui a donné, il est évident qu'il doit être compté pour cette valeur de 70,000 fr., car il les vaudrait s'il était resté entre les mains du *de cujus*. Si une construction s'est trouvée détruite par une inondation ou autre cas fortuit, il est clair encore que c'est la succession qui doit en subir la perte, et qu'on doit estimer le bien, non pas d'après l'état où il était lors de la donation, mais dans l'état où il se trouve aujourd'hui. Si, enfin, le donataire a subi l'expropriation forcée de l'immeuble, il est évident que c'est l'indemnité qu'il a reçue qui devra entrer en compte, ni plus ni moins. — Le but, en effet, des calculs indiqués par cet article étant d'arriver à savoir combien la succession vaudrait si les donations n'avaient pas été faites, l'estimation ne saurait être faite différemment.

Ce mode d'évaluation doit-il s'appliquer aux meubles comme aux immeubles ? — On peut invoquer de graves raisons pour soutenir la négative, pour prétendre qu'on ne doit s'attacher qu'à leur valeur au moment de la dona-tion ; on s'appuie sur l'article 868, qui veut qu'il en soit ainsi en matière de rapport ; on dit que dans l'opinion contraire on fait disparaître l'utilité de l'état estimatif que la loi exige qu'on annexe à toute donation d'objets mobi-liers ; qu'on arrive à un résultat singulier, c'est que, si la donation a été faite à un héritier qui accepte, il rapportera ce qu'il avait reçu d'après sa valeur au moment de la donation ; que si, au contraire, elle a été faite à un héritier qui renonce, il faudra prendre la valeur au jour du décès. — Ces motifs sont sérieux, mais je crois qu'ils doivent tomber devant la généralité des termes de l'article 922. Il emploie le mot *biens*, qui comprend également les meubles et les immeubles. On conçoit que le législateur n'ait pas fait pour ce cas une disposition semblable à celle de l'article 868, quand il s'agit d'une donation rapportable. En effet, l'héritier qui a reçu par avancement d'hoirie sait qu'il rapportera, il doit se tenir sur ses gardes ; tandis que l'étranger se croit propriétaire incommutable, et quand la réduction vient l'atteindre, on ne doit le contraindre à rapporter que ce qui lui reste.

Il va sans dire que c'est l'époque seule du *décès* que l'on considère pour fixer l'évaluation des biens, et que l'époque où se fait cette évaluation est absolument indifférente. Ainsi, quand même les calculs ne se feraient que longtemps après le décès et que les biens donnés auraient beaucoup augmenté ou diminué de valeur dans l'intervalle, l'estimation se fera toujours d'après la valeur au jour du décès.

§ III.

Déduction de dettes.

Nous avons vu comment on forme la masse brute et comment on l'évalue, ce n'est pas tout ; avant de pou-

voir déterminer la quotité disponible, il faut encore savoir quel est l'actif net, et pour cela il faut déduire les
dettes ; aussi l'article 922 nous dit-il : ..... *On calcule
sur tous ces biens, après en avoir déduit les dettes, quelle
est, eu égard à la qualité des héritiers que laisse le défunt, la quotité dont il a pu disposer.* Remarquons
d'abord que par dettes, il faut entendre non-seulement
les créances passives laissées par le défunt, mais aussi
les frais d'inhumation, d'inventaire, de partage, etc. ; car
ce sont là des dettes de la succession.

Qu'il faille faire la déduction des dettes pour calculer
la quotité disponible, cela va sans dire, car elle doit être
calculée sur les biens, et il n'y a de biens qu'une fois les
dettes déduites, *bona non sunt nisi deducto ære alieno.*
— Mais il ne faut pas prendre à la lettre la disposition
de cet alinéa de notre article, dont la rédaction est dé-
fectueuse. Le texte semblerait dire en effet que c'est de
tous les biens composant la masse qu'il faut déduire les
dettes, tandis que c'est seulement des biens que le défunt a laissés *dans sa succession.* Une hypothèse va nous
en convaincre : Primus meurt laissant 30,000 fr. dans
sa succession ; il a donné 30,000 fr. entre-vifs ; il a
40,000 fr. de dettes. Si nous opérions comme semble l'indiquer notre article, nous dirions : Actif brut   60,000 fr.
déduisons les dettes. 40,000
il ne reste plus que. . . . . 20,000 fr.
sur ces 20,000 fr. nous calculerons la réserve et la quotité disponible. Mais alors, que voyons-nous ? C'est qu'il

y a lieu à réduire la donation de 10,000 fr., et que ces 10,000 fr. provenant de la réduction vont servir à payer les créanciers ; c'est là un résultat qui viole formellement l'article 921, qui dit que la réduction ne peut, en aucun cas, profiter aux créanciers du défunt. Nous croyons donc bien fermement que c'est seulement des biens laissés par le défunt qu'il faut déduire les dettes. Quand ces dettes seront égales ou supérieures à ce chiffre de l'actif existant, nous dirons que l'actif est nul, alors les biens donnés entre-vifs serviront seuls à composer la masse, et ce sera sur la valeur seule de ces biens que nous calculerons la réserve et la quotité disponible.

Ces opérations faites, il semble que tout soit fini : nous connaissons la valeur des biens qui composent la masse, nous pouvons calculer la réserve et la quotité disponible, nous pouvons voir si les dispositions entre-vifs faites par le défunt dépassent cette quotité. Cela est vrai tant que le défunt n'aura disposé que de la pleine propriété de ses biens, mais s'il a disposé d'un usufruit ou d'une rente viagère, pourra-t-on aussi faire réduire cette donation, et si l'on peut la réduire, d'après quelles bases opérera-t-on cette réduction ? Cette question nous amène à examiner la disposition de l'article 917. Voici le fait : Un homme a un enfant et 80,000 fr. ; la réserve est par conséquent de 40,000 fr. Il a disposé d'un usufruit portant sur un bien estimé 50,000 fr. et a laissé tout le reste à son fils. Le législateur a prévu que cette hypothèse d'une nature toute particulière devrait susciter des difficultés inextri-

cables lorsqu'on agiterait le point de savoir s'il y a lieu à
réduction. Les calculs, en effet, seraient très-difficiles et
toujours incertains, alors a-t-il dit : Le réservataire sera
juge dans sa propre cause ; nous lui devons protection,
nous la lui accorderons, mais en faisant en sorte qu'il ne
vienne pas créer des difficultés pour le plaisir d'en créer ;
il pourra faire supprimer la donation s'il le juge conve-
nable, mais il ne le pourra qu'à la condition d'abandonner au légataire la pleine propriété de toute la quotité
disponible. Ce sera un avantage pour lui, puisqu'il prétend n'avoir pas sa réserve, et ce sera le moyen de faire
respecter les droits également sacrés du père sur sa quotité disponible. Tel a été le raisonnement du législateur
qu'il a appliqué dans l'article 917 : « Si la disposition
« par acte entre-vifs ou par testament est d'un usufruit
« ou d'une rente viagère dont la valeur excède la quotité
« disponible, les héritiers au profit desquels la loi fait
« une réserve auront l'option, ou d'exécuter cette dis-
« position, ou de faire l'abandon de la propriété de la
« quotité disponible. »

Maintenant, si nous retournons notre hypothèse, et
qu'au lieu de laisser au fils la nue propriété seulement de
ces 50,000 fr. nous lui en léguions l'usufruit, notre article sera-t-il encore applicable ? — Nous le croyons fermement. — Dans l'ancien droit, les auteurs étaient divi-
sés, mais tous réunissaient les deux questions et leur
donnaient à toutes deux la même solution, qu'ils accor-
dassent ou non le droit d'option au réservataire qui se

prétendait lésé (Lebrun, *Des successions*, liv. II, chap. III, sect. IV, nᵒˢ 2 et suiv. — Roussilhe, *Institution du droit de légitime*, chap. v, art. 3).—Or, rien dans les travaux préparatoires du Code ne nous porte à croire que ses rédacteurs aient eu envie de faire une distinction. La question n'est jamais envisagée par les législateurs que sous une de ses faces, l'autre reste constamment dans l'ombre. Cela, du reste, n'a rien d'étonnant, car s'il est assez ordinaire de voir un testateur léguer à un étranger une rente viagère, un usufruit, en laissant la nue propriété à ses successibles, il est rare de voir un père ne laisser à ses enfants que l'usufruit d'un bien dont il lègue la nue propriété à un étranger. — Nous ajouterons de plus que l'article 917, qui a voulu prévenir des évaluations d'usufruit toujours pleines d'incertitude et d'arbitraire, trouve aussi bien son application dans l'espèce ainsi retournée que dans celle même qu'il prévoit. En effet, si nous ne l'appliquons pas ici, il faudra estimer l'usufruit, et c'est ce que la loi ne veut pas.

Mais non-seulement l'article 917 doit, par un raisonnement *a priori*, être appliqué ici, mais il doit l'être, nous ne craignons pas de le dire, par un raisonnement *a fortiori*; car, dans le cas prévu par l'article lui-même, qu'est-ce que le réservataire doit abandonner ? de quoi doit-il se dessaisir ? C'est de la nue propriété, c'est d'un bien permanent et certain. Au contraire, dans notre hypothèse, nous voulons qu'il abandonne simplement un usufruit, valeur incertaine et temporaire, bien moins précieuse que la

nue propriété.—La disposition de la loi, outre qu'elle a
ici toutes les mêmes raisons d'être que dans l'hypothèse
qu'elle prévoit elle-même, est encore à l'abri du léger
inconvénient qu'on pourrait essayer de lui reprocher
quand l'application de cet article est restreinte aux termes
mêmes du Code.

On a demandé si le réservataire ne pourrait pas user
de l'option que lui accorde l'article 917, encore bien que
le chiffre annuel de l'usufruit ou de la rente viagère fût
inférieur au revenu de la quotité disponible, si, par
exemple, un homme qui n'a qu'un enfant et 100,000 fr.
avait disposé de l'*usufruit* d'un immeuble valant 30,000 fr.
C'est plutôt une question d'école qu'une question pra-
tique, car le réservataire se gardera bien de faire un
aussi mauvais marché; mais en supposant qu'il le voulût,
je crois qu'il ne le pourrait pas, autrement on ne tiendrait
pas compte d'une phrase incidente que renferme l'article 917 qui ne statue que pour le cas où il s'agit de la
disposition d'un usufruit ou d'une rente viagère dont la
valeur *excède la quotité disponible*, c'est-à-dire dont le
revenu annuel excède celui de cette quotité. D'un autre
côté, si l'héritier demandait une chose si manifestement
contraire à ses intérêts, ce serait qu'il voudrait à tout prix
annuler la donation faite par son auteur, enlever au légataire, probablement par un sentiment de haine per-
sonnelle contre lui, la jouissance d'un bien qui lui est
agréable, et que le *de cujus* lui avait donnée précisément
pour cette raison. Le motif qui pousserait alors le fils se-

rait bien peu recommandable et bien peu respectable, surtout en présence de la volonté formelle du défunt qu'il viendrait attaquer.

CHAPITRE IV.

COMMENT S'OPÈRE LA RÉDUCTION.

Il ne nous reste plus maintenant qu'à opérer la réduction proprement dite, en recherchant quelles sont les libéralités qui doivent être attaquées les premières pour fournir et compléter la réserve. Les articles 923 et 925 nous donnent le principe bien formel que les libéralités testamentaires doivent être attaquées et absorbées en entier avant qu'il soit permis de toucher aux libéralités entre-vifs. — La raison en est facile à comprendre : d'abord, les legs sont tous postérieurs aux donations, puisqu'ils ont tous pour date celle du décès du testateur. De plus, si la réserve a été entamée , c'est par les dernières libéralités, c'est par conséquent par les legs ; il est donc juste que ce soient eux qui supportent d'abord la réduction. D'un autre côté, si l'on faisait porter la réduction au marc le franc sur les legs et les donations, ce serait fournir un moyen indirect au donateur de révoquer les libéralités entre-vifs qu'il aurait faites, ce qui est absolument contraire au principe de l'irrévocabilité de ces donations posé par l'article 894.

Quant aux legs, le motif qu'ils ont tous une seule et

même date, celle du décès du testateur, nous indique
assez qu'ils doivent tous être réduits au marc le franc, et
sans distinction entre les legs universels et les legs particuliers, c'est ce que nous dit l'article 926 :

« Lorsque les dispositions testamentaires excéderont
« soit la quotité disponible, soit la portion de cette quo-
« tité qui resterait après avoir déduit la valeur des do-
« nations entre-vifs, la réduction sera faite au marc le
« franc, sans aucune distinction entre les legs universels
« et les legs particuliers. »

Nous verrons donc successivement comment on s'y
prendra pour l'opérer, d'abord sur les legs et ensuite sur
les donations; mais que ce soient les legs, que ce soient
les donations que l'on réduise, il ne faut pas oublier que
la réduction doit toujours avoir pour résultat de remettre
à la succession les objets mêmes qui ont été donnés au
delà de la quotité disponible, car la réserve est due en
nature à celui auquel la loi a voulu la conserver.

Voyons donc d'abord la réduction opérée sur les legs.

Peu importe, avons-nous dit avec l'article 926, que
les legs soient particuliers ou universels; peu importe
aussi qu'ils soient contenus dans le même testament
ou dans plusieurs testaments différents et faits à différentes époques, parce que toutes les dispositions testamentaires n'ont qu'une seule et même date, relativement,
du moins, à leur effet, celle du décès du testateur.

Cet article est introductif d'un droit nouveau. — En
effet, sous l'empire de nos anciennes coutumes, le léga-

taire universel supportait d'abord, lui seul, la réduction sur la part qui aurait pu lui revenir, et ce n'était qu'en cas d'insuffisance qu'on attaquait les legs particuliers.— Dans les pays de droit écrit, au contraire, le légataire universel n'était pas un simple légataire, c'était un héritier testamentaire, et à ce titre il avait le droit de faire réduire les legs particuliers, si ces legs ne lui laissaient pas au moins le quart de l'hérédité.

Le législateur du Code Napoléon a tranché nettement la question, et a voulu qu'il n'y ait plus aucune différence entre les legs universels et les legs particuliers.

C'est en vain que l'on invoquerait l'article 1009 pour prétendre que le légataire universel, étant tenu d'acquitter les legs particuliers, devra voir son legs réduit de préférence à ceux-ci, car cet article ne saurait avoir aucune application en matière de réduction.

Le testateur seul, par un effet de sa volonté, peut faire que les legs ne soient pas tous réduits simultanément et au marc le franc, c'est s'il a expressément déclaré qu'il voulait que tel ou tel legs fût acquitté de préférence aux autres,

Art. 927. — « Néanmoins, dans tous les cas où le « testateur aura expressément déclaré qu'il entend que « tel legs soit acquitté de préférence aux autres, cette « préférence aura lieu, et le legs qui en sera l'objet ne « sera réduit qu'autant que la valeur des autres ne remplirait pas la réserve légale. »

On a voulu prétendre que les legs de corps certains

devaient être acquittés de préférence aux legs de quoti-
tés. Mais cette prétention n'est pas soutenable en présence de la disposition formelle de l'article 926. Le legs
d'usufruit ne saurait non plus être préféré au legs de
propriété. Un seul cas pourrait faire déroger au principe,
c'est celui d'une rente viagère laissée comme legs alimen-
taire.

Lorsque les legs ont été épuisés, on arrive aux donations entre-vifs. La loi, à leur égard, agit différemment: elle
dit que lorsqu'il y aura lieu à la réduction des donations
entre-vifs, cette réduction se fera en commençant par la
dernière donation et ainsi de suite en remontant des dernières aux plus anciennes. Le motif de cette disposition
est facile à comprendre ; les legs subissent tous la réduction, parce qu'ils ont la même date ; les donations, au
contraire, étant faites successivement, doivent être attaquées les unes après les autres, parce que ce sont les dernières et non les premières qui ont entamé la quotité disponible, et que d'ailleurs on ne saurait admettre que le
donateur pût, après avoir fait une donation, retirer une
partie de son bienfait en faisant une seconde libéralité
qui excéderait la quotité disponible, et qui donnerait à son
héritier le droit d'attaquer les deux dispositions.

Pour connaître la date d'une donation, aucune difficulté ne se présente quand l'offre et l'acceptation ont eu
lieu par un seul et même acte, c'est la date de cet acte
qu'il faut évidemment considérer. Mais quand l'offre et
l'acceptation ont eu lieu par deux actes séparés, auquel

faudra-t-il s'attacher ? Nous croyons que ce ne sera ni à l'un ni à l'autre de ces actes, mais bien à la date de la notification que le donataire aura faite au donateur, afin de lui faire connaître son acceptation ; c'est alors seulement que la donation est devenue parfaite, qu'elle a été irrévocable.

Il peut aussi arriver que plusieurs donations aient été faites le même jour ; on s'est demandé s'il fallait alors les réduire toutes proportionnellement. — Si les différentes donations sont faites par le même acte, assurément il faudra les réduire toutes. Il en sera encore de même si les donations ayant été faites par plusieurs actes, l'heure où chacun de ces actes aurait été accompli n'était pas indiquée. — Mais si l'heure avait été indiquée, il nous paraît hors de doute que la réduction entière doit porter sur la dernière ; M. Dalloz a voulu argumenter de l'article 2147, au titre *des priviléges et hypothèques*, ainsi conçu : « Tous les créanciers inscrits le même jour « exercent en concurrence une hypothèque de la même « date, sans distinction entre l'inscription du matin et « celle du soir, quand cette différence serait marquée « par le conservateur. »

L'argument est loin d'être décisif. Si le Code a voulu que toutes les inscriptions hypothécaires prises le même jour aient le même rang, c'est qu'il a redouté des connivences entre les conservateurs et les parties ; mais cette disposition tout exceptionnelle ne saurait avoir son application en matière de donations, le même motif ne pouvant exister. D'ailleurs l'article **923** est formel, il dit qu'il faut opérer la réduction des donations en commençant par les *dernières,* et la donation faite à six heures du soir est aussi bien la *dernière* vis-à-vis de celle faite à huit heures du matin, que celle faite le lendemain matin serait la dernière vis-à-vis de celle faite la veille au soir. — D'ailleurs, le donateur ne peut pas plus, par une donation faite le soir, en dépassant la quotité disponible, annuler une partie de la donation effectuée le matin qu'il ne le pourrait le lendemain.

On s'est aussi demandé si la donation faite entre époux pendant le mariage, et qui est révocable au gré du donateur, ne devrait point être réduite en même temps que les . legs, avec lesquels elle a beaucoup de similitude, et par conséquent avant les donations entre-vifs ordinaires qui lui seraient postérieurs. C'est ce qu'a prétendu M. Duranton (VIII , 357), et il en donne pour raison que la disposition étant révocable, son auteur, en faisant postérieurement des donations ordinaires, avait sans aucun doute entendu que ces donations s'exécuteraient sur le disponible , et que la réserve devrait se prendre sur les biens dont il était encore resté libre de disposer ; qu'ainsi, par conséquent, il révoquait implicitement le don fait à son conjoint.—Nous dirons, avec M. Marcadé, que cette argumentation ne nous touche pas. D'abord, nous ne concevons pas comment on peut voir ici d'une manière absolue la révocation tacite dont parle M. Duranton. La révocation tacite d'une disposition ne peut

5

résulter que de l'incompatibilité de cette disposition avec une disposition postérieure (art. 1035). Si Primus donne à sa femme sa ferme de Normandie et qu'ensuite il fasse donation à un ami de cette même ferme de Normandie, il est clair qu'il y a là révocation de la première libéralité; mais quand Primus donne à sa femme 20,000 fr. et que plus tard il donne à un ami 15, 20, 30,000 francs, comment voit-on là incompatibilité, et d'ailleurs, s'il y avait, comme le dit **M.** Duranton, une révocation tacite, il ne s'agirait plus de réduire cette donation faite au conjoint en même temps que les legs, il faudrait la regarder comme annulée, comme n'existant plus, et ces biens qu'elle aurait compris seraient considérés comme demeurés dans les mains du *de cujus,* alors même que le disponible serait plus que suffisant pour l'exécution de toutes ses dispositions, ce qui mettrait cette donation dans une position infiniment plus défavorable que celle des legs. Bien mieux, ajoute avec raison **M.** Marcadé, si les principes de **M.** Duranton étaient exacts, s'il était vrai que l'époux qui a d'abord épuisé son disponible par un don à son conjoint, et qui fait ensuite à une autre personne une donation de la même valeur, révoque par là le don de son conjoint, cette prétendue révocation ne résulterait pas seulement d'une donation irrévocable, elle résulterait tout aussi bien d'un legs fait postérieurement au don du conjoint, car le défunt aurait tout aussi bien manifesté sa volonté par un testament que par une donation entre-vifs, et c'est ce que personne n'a osé prétendre.

Une question très-controversée s'est encore présentée au sujet de cet article, c'est celle de savoir comment et par qui sera supportée l'insolvabilité d'un donataire dont la donation serait atteinte dans la réduction. Prenons une hypothèse : Primus dispose en 1840 de 20,000 fr. au profit de Secundus, et en 1845 de 15,000 fr. au profit de Tertius ; il meurt laissant dans sa succession 15,000 fr. debi ens et son fils réservataire pour moitié. La masse une fois composée, nous trouvons qu'elle s'élève à 50,000 fr. ; la réserve du fils étant de moitié sera de 25,000 fr., il sera donc en droit d'aller trouver le donataire de 1845 et de faire réduire de 10,000 fr. la donation qui lui a été faite.

Mais supposons que ce donataire soit insolvable, le réservataire devra-t-il supporter cette insolvabilité, ou bien aura-t-il le droit d'aller trouver le premier donataire et de le forcer à compléter sa réserve ?— Ce premier donataire lui dira : Les biens composant la masse de la succession de votre père sont d'une valeur de 50,000 fr., il pouvait disposer de la moitié, c'est-à-dire 25,000 fr.; dans les limites de ce chiffre, il faisait des dispositions irrévocables ; il n'avait disposé de rien quand il m'a fait ma donation, et comme il ne me l'a faite que de 20,000 fr., c'est-à-dire d'une somme inférieure à sa quotité disponible, vous n'avez rien à réclamer. — MM. Merlin, Toullier, Grenier et Zachariæ, suivant en cela l'opinion de Lebrun, enseignent que l'enfant est en droit de former cette réclamation, et que la perte tout entière résultant de l'insolvabilité du dernier donataire doit retomber sur le précédent. Ils en donnent pour raison que l'héritier, une fois que le chiffre de sa réserve est fixé, doit avoir le droit d'aller la prendre sur tous les biens formant la masse réelle ou fictive de la succession ; que l'héritier d'ailleurs, combattant pour éviter une perte, tandis que le donataire combat pour réaliser un gain, doit être plus favorisé.

M. Mourlon, au contraire, soutient que la perte résultant de l'insolvabilité du dernier donataire doit être supportée pour le tout par l'héritier réservataire. — C'est, dit-il, le seul moyen de se conformer en même temps à la disposition de l'article 922 et au principe qui veut que la réduction n'atteigne que les donations qui ont entamé la réserve. En effet, l'article 922 dit que les choses données doivent être comprises dans la masse *d'après leur état au moment de la donation et leur valeur au décès du testateur*, ce qui veut dire qu'il faut estimer ce qu'elles vaudraient si elles n'étaient pas sorties du patrimoine du donateur, ou, en d'autres termes, que les biens qui ont péri par le fait du donataire doivent néanmoins être compris dans la masse sur laquelle s'opère le calcul de la réserve. D'un autre côté, le principe que la réduction n'attaque que les donations est parfaitement établi. Il en résulte que l'insolvabilité du donataire le plus récent ne peut porter aucune atteinte aux donataires antérieurs qui n'ont reçu que les biens disponibles.

Ces arguments sont assurément très sérieux, mais nous croyons que la solution à laquelle ils conduisent est contraire à l'esprit du Code, esprit protecteur de la réserve et qui ne peut souffrir qu'on voie ainsi anéantis par les dissipations d'un donataire étranger les droits d'un héritier qu'il s'est toujours efforcé de maintenir intacts. D'un autre côté, nous croyons qu'on doit avoir des égards pour le premier donataire qui avait reçu une libéralité n'entamant nullement la quotité disponible, et nous adopterons, avec M. Marcadé, une opinion mixte qui nous semble de nature à concilier les deux intérêts, respectables l'un et l'autre, qui se trouvent ici en présence. Nous les traiterons de la même manière, car quoi qu'en ait dit M. Merlin, nous croyons qu'on peut soutenir que l'un et l'autre *certant de lucro captando*, puisque pour tous deux il s'agit d'acquérir, et que la donation et la succession sont l'une et l'autre des moyens d'acquisition.

Nous proposerons donc de suivre l'opinion de Pothier, qui voulait que la perte fût supportée par le donataire antérieur et par le réservataire. « *Il faut*, dit-il (*Traité des* « *donations,* n° 236), faire abstraction des biens donnés « au donataire insolvable, les considérer comme ayant « été perdus, dissipés par le *de cujus* lui-même, et par « conséquent calculer la réserve eu égard aux autres « biens. » Nous composerons donc la masse sans y comprendre ce qui a été donné au donataire devenu insolvable, mais en y comprenant seulement les valeurs réelles trouvées dans la succession. Cette masse ne sera plus, dans notre hypothèse, que 35,000 fr., et ce sera sur ce chiffre seulement que le premier donataire et le réservataire devront provisoirement régler leurs droits respectifs, sauf à procéder plus tard à un règlement définitif, si l'autre donataire redevient solvable. — Cette solution nous paraît la plus équitable, elle répartit proportionnellement entre le donataire et l'héritier une perte qu'on ne pourrait sans arbitraire faire subir à l'un plutôt qu'à l'autre. Ajoutons qu'elle ne nous semble pas moins juridique qu'équitable, car la donation qui doit tomber sous le coup de la réduction est, lors de cette réduction, résolue *in præteritum ;* par conséquent, le donataire ne doit être considéré que comme ayant possédé comme un emprunteur, un *dépositaire ;* or, si un emprunteur ou un dépositaire était devenu insolvable, la perte serait pour la succession tout entière, cela diminuerait d'autant la masse des biens, donc il doit en être de même dans le cas où le donataire est devenu insolvable.

Il est pourtant un cas où le principe que les valeurs qui se trouvent en quelque sorte anéanties par l'insolvabilité d'un donataire ne doivent pas être comprises dans la composition de la masse, souffre une exception, c'est celui où la donation dont l'objet constitue maintenant une non-valeur a été faite à l'un des réservataires. Exemple : En 1840, un homme a donné entre-vifs 50,000 fr. à un étranger ; en 1845, il donne 40,000 fr. à son fils, puis il meurt laissant dans sa succession 20,000 fr. Le fils a dépensé ce qu'il avait reçu, c'est une valeur qui n'existe plus ; il ne sera pourtant pas fondé à prétendre que le montant de la donation qui lui a été faite ne doit pas être compris dans la masse, qu'elle ne doit se composer que des 20,000 fr. restant dans la succession et des 50,000 fr. dont le père a disposé en faveur d'un étranger, et que c'est seulement sur cette masse qu'il faut calculer la quotité disponible. Le donataire lui répondrait avec raison : Vous êtes insolvable, c'est possible ; mais vis-à-vis de vous-même cette insolvabilité ne doit pas exister, l'on ne réclame rien de vous ; votre insolvabilité ne causant donc de préjudice à personne, qui pourrait m'attaquer ? C'est là le cas d'appliquer la maxime : *Quum debitori liberatio relinquitur, ipse sibi solvendo videtur, et quod ad se attinet, dives est.*

CHAPITRE V.

EFFETS DE L'ACTION EN RÉDUCTION.

L'action en réduction est une véritable action en revendication (l'article 930 lui donne ce nom), c'est une action réelle. Aussi, comme nous l'avons dit, la donation ou la partie de donation qui tombe sous le coup de l'action en réduction doit rentrer en nature dans la succession. Du reste, toute donation entre-vifs étant toujours faite sous cette condition résolutoire, sous-entendue, que si, au moment du décès du donateur, il y a des héritiers réservataires, la donation sera réputée n'avoir jamais existé en tant qu'elle entamerait la réserve , il n'y a rien là que de très-rationnel.

Cependant l'article 924 consacre une exception à cette règle : « *Si la donation entre-vifs* réductible a été faite, « dit-il, à l'un des successibles, il pourra retenir sur les « biens donnés la valeur de la portion qui lui apparticn- « drait, comme héritier, dans les biens non disponibles, « s'ils sont de la même nature. » Voici le fait prévu par cet article : Un homme a deux enfants, et il a donné par préciput à l'un d'eux un domaine valant 60,000 fr. Mais cette valeur excède de 20,000 fr. sa quotité disponible ; le frère qui n'a rien reçu aurait pu, sans la disposition de l'article 924, dire au donataire : Rapportez en nature ce qui dépasse la quotité disponible ; vous le devez, puisque vous êtes réputé n'en avoir jamais été propriétaire. Un tel raisonnement eût été logique, une telle prétention eût été fondée. Mais il aurait pu en résulter un grand préjudice pour le donataire, sans qu'il y eût pour son frère un avantage réel. Le législateur, voulant éviter ce résultat, a dit au donataire : Vous pourrez garder votre donation telle qu'elle vous a été faite, s'il y a dans la succession des biens de même nature dont votre frère puisse prélever une quantité égale à celle dont votre donation dépasse la quotité disponible. C'est là une exception qui profite à l'un sans nuire à l'autre.

L'interprétation de cet article a donné lieu à une très-grave difficulté, c'est celle de savoir s'il s'agit d'un héritier acceptant ou d'un héritier renonçant. MM. Malleville, Delvincourt et Taulier prétendent qu'il s'agit d'un héritier *renonçant*, donataire avec ou sans préciput, et qui pourrait, lorsqu'il y a dans la succession des biens de même nature que ceux qu'il détient, conserver les biens donnés jusqu'à concurrence du disponible et de sa part de réserve. Ils se fondent sur ce que l'article parle, non pas d'un *héritier*, mais d'un *successible*, qui pourra retenir sur le bien donné la valeur de la part qui lui appartiendrait *comme héritier*, c'est-à-dire, selon eux, *s'il se portait* héritier. Tous les anciens auteurs, ajoutent-ils, reconnaissent qu'il n'était pas nécessaire d'avoir la qualité d'*héritier* pour retenir la réserve par voie d'exception; qu'on pouvait, *quoique renonçant*, la conserver lorsqu'on en était nanti à titre de donataire. Les rédacteurs du Code, qui copiaient Pothier, lui ont emprunté cette doctrine, ils l'ont reproduite dans l'article 924.

Ce système est, à notre avis, inadmissible, et nous n'hésitons pas à dire, avec Marcadé et Mourlon, que l'article 924 parle d'un héritier réservataire *acceptant* et qui est donataire avec *préciput* d'un immeuble que la réduction atteint.

D'abord, il s'agit assurément d'un héritier acceptant, puisque la loi lui permet de retenir la valeur d'une portion héréditaire *en dehors du disponible*, et qu'aux termes formels de l'article 845, le donataire qui renonce à la succession du donateur ne peut retenir *que dans la limite de la quotité disponible* les biens dont il a été gratifié. — Il s'agit ensuite d'un don fait par préciput, puisqu'on suppose ce don réductible, et que pour un héritier acceptant, il ne peut pas être question de réduire un don fait sans préciput, car le don fait sans préciput devant toujours être rapporté par l'héritier qui accepte (art. 833), il n'y a jamais lieu de le frapper de réduction.

Du principe posé au commencement de ce chapitre, que, par l'effet de la réduction, le donataire est réputé n'avoir jamais été propriétaire, voici les conséquences que l'on devrait déduire :

1° Le donataire devrait rendre tous les fruits qu'il a perçus ;

2° Toutes les charges, servitudes et autres qu'il a créées sur les biens donnés devraient disparaître ;

3° Les aliénations qu'il a pu faire devraient être résolues.

Mais le Code n'a pas consacré toutes ces conséquences, dont quelques-unes auraient été par trop dures, nous dirions presque injustes. D'abord, le donataire ne restituera jamais les fruits de ce qui excédera la portion disponible qu'à compter du jour du décès du donateur, c'est ce que nous dit l'article 928, encore faudra-t-il, aux termes mêmes de cet article, que la demande en réduction ait été faite dans l'année, sans quoi il ne devrait rendre que les fruits perçus à compter du jour de la demande.

La loi a bien fait de sacrifier à l'équité, les principes d'une logique trop rigoureuse, et le réservataire lui-même n'a pas le droit de se plaindre d'une pareille disposition.

Deux motifs l'ont dictée aux rédacteurs du Code Napoléon.
D'abord, les fruits, les revenus, sont faits pour être dépensés ; ils l'ont été par le donataire, ils l'auraient probablement été par le défunt s'il n'eût pas fait la donation,
le réservataire ne devait pas compter dessus. D'un autre
côté, il ne fallait pas que la donation pût quelquefois être
un piége pour le donataire et devenir pour lui un sujet de
ruine, et c'est ce qui serait infailliblement arrivé si on
l'eût obligé, lors de la réduction, à rendre les fruits qu'on
doit présumer qu'il a consommés au fur et à mesure. Le
législateur s'est donc dit : La donation est résolue, et elle
l'est *in præteritum,* c'est vrai ; mais jusqu'ici le donataire
ignorait que la réduction viendrait l'atteindre ; il se croyait
propriétaire, comme il l'était en réalité, malgré la fiction
juridique ; il a agi en propriétaire, il a dépensé ses revenus, il n'y a rien à lui reprocher, on ne peut raisonnable-
ment le contraindre à les rendre.

Quant aux fruits courus du jour du décès, c'est une
autre question. Le donateur mort, en effet, le donataire
a dû se tenir sur ses gardes et se demander s'il n'allait point
être atteint par la réduction ; il a pu dès ce moment avoir
une idée plus ou moins nette, mais du moins une idée
approximative de l'état de la fortune laissée par le *de
cujus,* et de la qualité des héritiers appelés à sa succession. Il n'a plus dû se considérer comme propriétaire
parfaitement en sécurité, parfaitement inattaquable , et il
a dû par conséquent régler ses dépenses sur ce qu'il croit
lui appartenir d'une manière définitive. Aussi, la loi l'o-

blige-t-elle à restituer les fruits de ce qui dépasse la quotité disponible à partir du décès du donateur, *quand la demande est formée dans l'année qui le suit.* — Mais si l'année se passe sans qu'on vienne l'inquiéter, ses craintes doivent se dissiper ; il peut, il doit même vraisemblablement penser que l'on n'intentera pas contre lui l'action en réduction, car si les héritiers ne l'ont pas encore fait, c'est qu'ils ont reconnu qu'il n'y avait pas lieu de le faire. Il se croit donc propriétaire incommutable, et comme tel, il recommence à dépenser tous ses revenus; c'est pourquoi la loi décide que dans ce cas il ne devra tenir compte des fruits qu'à partir du jour où la demande en réduction aura été formée.

La seconde conséquence de notre principe, c'est que les droits réels concédés par le donataire, sur les biens soumis à la réduction, doivent s'anéantir avec ses propres droits. Cette conséquence, quelque rigoureuse qu'elle puisse paraître, a été conservée par le Code, et avec raison ; en effet, si les biens étaient rentrés dans la succession grevés d'hypothèques et de servitudes, le but que se propose l'institution de la réserve eût été complétement manqué ; c'eût été fournir en même temps au donateur un moyen de priver ses héritiers légitimes, en donnant au delà de la quotité disponible à des gens qu'il présumerait devoir grever ses biens de servitudes et d'hypothèques pour toute ou du moins grande partie de leur valeur, et au donataire un moyen de se soustraire à l'action en réduction. Aussi l'article 929 nous dit-il :

« *Les immeubles à recouvrer par l'effet de la réduction,*
« *le seront sans charge de dettes ou hypothèques créées*
« *par le donataire.* »

Enfin, la troisième conséquence est que les aliénations
consenties par le donataire soumis à la réduction doivent
être résolues. Elle a été aussi avec raison, et pour les
mêmes motifs que la conséquence précédente, consacrée
par le Code, mais avec certains tempéraments que l'é-
quité commandait. L'article 930 nous dit :

« L'action en réduction ou revendication pourra être
« exercée par les héritiers contre les tiers détenteurs des
« immeubles faisant partie des donations et aliénés par
« les donataires, de la même manière et dans le même
« ordre que contre les donataires eux-mêmes, et discus-
« sion préalablement faite de leurs biens. Cette action
« devra être exercée suivant l'ordre des dates des alié-
« nations, en commençant par la plus récente. »

Avant donc de s'adresser aux acquéreurs, le législateur
a voulu que les réservataires discutassent les biens du donataire ; pour qu'ils puissent attaquer les acquéreurs, il
faut qu'ils leur présentent la preuve toute faite que les
biens du donataire sont insuffisants pour les remplir de
leur réserve. Il va sans dire que la discussion doit porter
sur tous les biens du donataire, sur les meubles comme
sur les immeubles, peu importe. On voit que c'est ici une
exception au principe que les réserves sont dues en nature ; la règle a dû fléchir devant les considérations d'intérêt social. Cette exception a pour but d'éviter autant

que possible un circuit d'actions, qui résulteraient de la garantie que l'acquéreur, si on l'attaquait directement, réclamerait du donataire, son vendeur. Elle est fondée aussi sur ce qu'il importe à l'ordre public que la propriété soit stable et le moins possible exposée à être résolue.

L'article 930 nous dit que, la discussion une fois opérée et demeurée insuffisante, la revendication s'exerce contre les détenteurs *de la même manière et dans le même ordre que contre les donataires eux-mêmes.*—Pour ce qui est de s'exercer *dans le même ordre,* cette disposition est naturelle et très-équitable. En effet, il est clair que l'acquéreur de l'immeuble donné le dernier doit être attaqué avant l'acquéreur du bien donné précédemment, puisque si la rentrée du premier bien ou de sa valeur suffit pour fournir la réserve, l'héritier n'aura aucun droit sur le bien donné antérieurement (art. 923).

Les acquéreurs ayant ni plus ni moins les mêmes droits que les donataires, il est bien certain qu'ils ne doivent être réduits que suivant l'ordre dans lequel ces donataires l'auraient été, s'ils avaient conservé les biens entre leurs mains.

Et ce n'est pas seulement entre les acquéreurs de divers donataires que cet ordre doit être suivi , c'est aussi entre les divers acquéreurs d'un même donataire. Si le donataire a vendu à trois acquéreurs différents, et que ses biens n'aient pas suffi à fournir la réserve, la revendication s'exercera d'abord contre le dernier acquéreur, ensuite contre le second, et elle n'atteindra le premier que

si les biens repris aux deux autres n'ont pas pu remplir
la réserve. C'est ce que nous dit formellement le dernier
alinéa de notre article 930. Cette règle, du reste, est la
conséquence logique du principe posé par cet article, que
les tiers acquéreurs ne peuvent être inquiétés qu'après
discussion faite des biens du donataire, leur vendeur. En
effet, puisque la présence de biens suffisants entre les
mains de ce donataire empêche l'action contre ses acquéreurs, il s'ensuit que les ventes qui laissaient aux mains
du donataire vendeur assez de biens pour répondre de la
réserve, doivent demeurer à l'abri de toute attaque, et
que celles-là seulement doivent être critiquées, qui ont
vraiment fait sortir de son patrimoine les biens qui lui
étaient nécessaires pour restituer la réserve qu'on était en
droit de lui réclamer.

Mais l'article 930 n'a pas dit seulement que la revendication s'exerçait contre les détenteurs *dans le même
ordre* que contre les donataires, il a dit aussi *de la même
manière ;* or, cette règle n'est pas absolue, et elle souffre
des exceptions, dont deux très-notables découlent des
principes mêmes de notre matière.

1° Nous avons vu que le réservataire qui peut exiger
les immeubles en nature, quand ils sont restés aux mains
des donataires, est obligé de se contenter d'une somme
équivalente quand ces immeubles ont été aliénés. Ainsi,
dans le cas où les biens du donataire discutés n'auraient
pas suffi à fournir la réserve, le tiers acquéreur attaqué
pourrait toujours se dispenser de restituer en nature, en

offrant au réservataire une somme d'argent suffisante pour lui compléter le montant de sa réserve. Celui-ci ne peut pas se plaindre de ne recevoir du tiers acquéreur que de l'argent, puisque si le donataire en eût eu, l'action n'aurait même pas pu être intentée contre l'acquéreur.

2° Quant à la restitution des fruits, le tiers acquéreur ne peut pas non plus être traité de la *même manière* que le donataire. Celui-ci doit restituer les fruits à partir du jour du décès du *de cujus*, à moins que l'héritier n'ait laissé passer plus d'une année avant de former sa demande. — L'acquéreur, au contraire, ne les devra jamais que du jour de la demande. En effet, si la loi, lorsque l'action est intentée dans l'année qui suit le décès, oblige le donataire à restituer les fruits, c'est parce qu'il a dû se tenir sur ses gardes, s'attendre à la réduction qui le menaçait. Elle présume donc qu'il a eu connaissance du décès du donateur, comme cela d'ailleurs est naturel, puisqu'il est presque toujours son parent ou du moins son ami. Mais un acquéreur peut très-bien être complétement étranger au donateur, et par suite ignorer son décès. On n'est pas en droit, comme on l'est envers le donataire, de lui reprocher de ne pas s'être tenu sur ses gardes. Et d'ailleurs la loi devra toujours avoir égard à sa qualité d'acquéreur à titre onéreux, et par conséquent le traiter moins rigoureusement qu'un acquéreur à titre gratuit.

On s'est demandé si les dispositions des articles 929 et 930 seraient applicables aux donations faites sous la forme d'un contrat à titre onéreux. M. Marcadé soutient l'affirmative en se fondant sur ce que du moment où l'on reconnaît que ces donations déguisées sont réductibles comme les autres, il faut leur appliquer, comme aux autres, les conséquences de la réduction. Nous hésitons à adopter cette opinion, malgré toute la force de cet argu‑ment. Il nous paraît bien dur de dépouiller des acqué‑reurs ou des concessionnaires d'hypothèques d'un bien qu'ils ont cru être la propriété irrévocable de leur vendeur, puisque celui-ci leur a montré un titre d'acquisition par‑faitement régulier et des quittances attestant l'entière li‑bération de son prix d'achat. Leur erreur a été invincible, et il nous semble surtout que l'intérêt particulier, quoique bien respectable, de l'héritier réservataire doit s'effacer devant l'intérêt public très-gravement engagé. Il importe en effet à la société d'assurer la libre mutation des biens, et c'est jeter sur toutes les transactions un doute, une inquiétude énorme, que de laisser la crainte incessante à l'acquéreur de se voir dépouiller, si par hasard le con‑trat d'acquisition à titre onéreux qu'on lui présente, et qu'il ne peut vérifier, dissimule une libéralité. Personne alors ne voudra plus acquérir que de vendeurs qui pourront, par une fortune immobilière considérable, les garantir contre l'action résolutoire qui les menace. Or, le plus souvent celui qui vend est dans le besoin et ne peut fournir cette garantie. Nous croyons donc qu'il faut au moins laisser au juge, dans le silence de la loi, une grande latitude pour apprécier les faits qui pourront sou‑vent modifier sa décision.

CHAPITRE VI.

QUELLES SONT LES FINS DE NON-RECEVOIR QU'ON PEUT OPPOSER A L'ACTION EN RÉDUCTION.

Il ne nous reste plus que très-peu de mots à ajouter pour achever la tâche que nous nous étions proposée. Nous avons vu à quelle époque, par qui et dans quels cas la réduction peut être demandée, comment elle s'opère et quels sont ses effets ; disons donc maintenant rapidement quelles sont les fins de non-recevoir qu'on peut opposer à cette action.

Ces fins de non-recevoir sont :

1° *La renonciation du réservataire à son droit de réduction ;* car bien que l'institution de la réserve soit fondée sur des considérations d'intérêt public, elle a été avant tout établie dans l'intérêt privé de l'héritier du sang. Celui-ci peut donc toujours y renoncer, et il le peut soit expressément, soit tacitement.

Il y a renonciation expresse quand le réservataire a formellement déclaré, dans un acte *ad hoc*, qu'il n'entend pas user du droit de réduction que la loi lui accorde afin d'arriver à parfaire sa réserve. Il y a renonciation tacite quand le réservataire a fait certains actes desquels il résulte manifestement qu'il ne veut pas profiter de son droit. Ainsi, par exemple, si le réservataire a consenti la délivrance d'un legs dont la valeur dépasse la quotité disponible, il a renoncé au droit qu'il avait de faire réduire ce legs. Le seul fait de la délivrance *entière* du legs implique chez lui l'idée de renonciation à son droit de réduction. — Ces faits devront être laissés à l'appréciation des magistrats qui statueront sur le point de savoir si le fait est ou n'est pas de nature à impliquer de la part du réservataire renonciation à son droit de réduction. — Le fait d'approbation pure et simple du réservataire au testament de son auteur ne pourrait pas être considéré comme une renonciation au droit de réduction, car cette approbation n'a pour but que d'interdire à l'héritier le droit d'attaquer le testament pour vices de formes !

Du reste, que la renonciation soit expresse ou tacite, peu importe ; dès lors qu'elle existe, le réservataire ne peut plus revenir.

2° *La renonciation du réservataire à la succession ;* car la réserve étant une partie de la succession, ne peut être réclamée que par celui qui se porte héritier. — Plusieurs auteurs ont professé que le défaut d'inventaire rendait l'héritier non recevable à intenter l'action en réduction. Nous ne le croyons pas ; mais, du reste, nous nous sommes expliqué sur ce point dans notre deuxième chapitre.

3° Enfin *la prescription,* que l'on peut opposer à l'action en réduction, et qui est la prescription ordinaire de trente ans, ou celle de dix et vingt ans dans le cas de bonne foi.

Autrefois, on avait agité la question de savoir si la légitime était prescriptible, et quelques auteurs avaient soutenu la négative ; mais on est promptement revenu de cette doctrine erronée.

Le point de départ de cette prescription est le jour du décès, jour où s'est ouvert le droit des réservataires.

A notre avis, les légataires et les donataires soumis à l'action en réduction ne pourront jamais invoquer la prescription de dix ou vingt ans, car ayant toujours su ou dû savoir qu'ils étaient sous le coup de l'action en réduction, il n'y aura jamais eu pour eux de bonne foi.

Mais il en pourra être tout autrement des tiers détenteurs, car ils ont pu être de très-bonne foi et ignorer complétement que l'insuffisance des biens de la succession les soumettait à l'action en réduction. Il y aura donc lieu pour eux d'invoquer le bénéfice de la prescription de dix ou vingt ans, quand ils auront titre et bonne foi.

QUESTIONS.

I.

Pour que l'héritier réservataire puisse intenter l'action en réduction, est-il nécessaire qu'il ait accepté sous bénéfice d'inventaire ?

Je ne le crois pas.

II.

Dans le cas où le conflit s'élève entre les articles 922 et 747, qui doit être préféré, du père réservataire, u de l'ascendant donateur ?

L'ascendant donateur.

Quid, dans le cas où l'ascendant donateur, le père réservataire et un étranger légataire sont en présence ?

L'ascendant donateur recueillera tous les biens par lui donnés, encore en nature dans la succession.

III.

L'article 917 est-il applicable dans l'hypothèse où le disposant a récompensé le réservataire en usufruit de ce qu'il lui ôtait en propriété ?

Je le crois fermement.

IV.

Si plusieurs donations ont été faites le même jour, mais à des heures différentes, constatées par le notaire qui a dressé l'acte, devra-t-on tenir compte des heures lorsqu'il s'agira d'opérer la réduction?

Je le crois.

Vu :

FEUGUEROLLE.

Permis d'imprimer :

Le Recteur de l'Académie,
THÉRY.

Caen. — Imprimerie E. Poisson.

www.ingramcontent.com/pod-product-compliance
Ingram Content Group UK Ltd.
Pitfield, Milton Keynes, MK11 3LW, UK
UKHW022327070726
13614UKWH00002B/994